Une bulle
qui ruina le monde

Chroniques éditoriales américaines

1915-1932

Garet Garrett

traduit par Christophe Jacobs

INSTITUT
COPPET

Paris, janvier 2015
www.institutcoppet.org

Une bulle
qui ruina le monde

TABLE

NOTE DE L'AUTEUR

La matière dont est constitué ce livre est parue principalement dans le *Saturday Evening Post* ces douze derniers mois, quoique ce ne soit pas sous cette forme exactement, et la chronologie en est inversée, de sorte que la lecture se fait en partant du présent, à rebours. En général les articles des périodiques, conçus pour se suffire à eux-mêmes, ne constituent pas un tout cohérent, correspondant aux nécessités d'un livre ; d'un autre côté des éléments qui étaient destinés à figurer dans un livre peuvent éventuellement apprécier cette valeur instantanée dont un article de magazine est supposé disposer. Le mérite de cette composition, s'il existe, vient de ce que ce livre est fait de parties non cimentées, dont chacune peut être prise séparément pour elle-même. C'est, si l'on préfère, une collection de pamphlets, dont chacun est développé à partir des phrases spécifiques traitant d'un thème. Des phrases qui n'imposent — partiellement par leur nature spécifique, et partiellement à cause de notre propre ignorance des circonstances — pas d'ordre formel précis.

Juin 1932

NOTE DU TRADUCTEUR
CONCERNANT L'ÉDITION FRANÇAISE

Il est clair, pour qui connaît un peu son œuvre, que selon cette figure importante du journalisme américain, l'intérêt privé, le commerce et l'industrie contribuaient tous trois intimement à la grandeur de l'Amérique et de sa république. Le relativisme concernant la propriété privée, qui apparaissait de son temps et qui se développait au nom du bien public, faisait au contraire souvent l'objet de ses critiques car il y voyait la caractéristique marquante d'un système politique de nature impériale, ce qui correspondait à une décadence politique. [1] Et pourtant, même parmi ceux qui se montrent les plus critiques envers une éventuelle dérive impériale de leur pays, certains formulent encore de nos jours en Amérique quelques réserves quant aux conceptions politiques dans son œuvre.

Mais n'exagérons rien, il faut d'abord préciser sans doute que c'est aussi en grande partie à ces défenseurs des droits privés les plus engagés que l'on doit aujourd'hui le retour sur scène de Edward « Garet » Garrett. Ses convictions avaient déjà marqué ses contemporains dans la première moitié du XXe siècle. Ses éditoriaux populaires dans des journaux à grand tirage, avaient dénoncé avec succès avant, durant et après les guerres, les idées tyranniques ou collectivistes qui triomphaient partout ailleurs dans le monde. Son style avait séduit les économistes européens du marché-libre les plus brillants et leurs analyses se rejoignaient. Pourtant après son décès en 1954, l'engouement de la société américaine pour cette définition politique de l'indépendance s'estompa tandis que la politique de la guerre froide s'installait dans tous les esprits pour les quatre décennies suivantes.

Ainsi, c'est sans doute Mises.org, le site internet libéral à très grande diffusion aux États-Unis, qui a le plus contribué à la

---

[1] Garet Garrett, *Rise of Empire*, Caxton Printers, 1952

propagation des écrits de Garrett en relançant récemment la diffusion des textes originaux. Son directeur éditorial, Jerffrey Tucker, écrivit en 2007 un plaidoyer flamboyant qui ressortait de son exil politique intérieur pour ainsi dire, ce classique américain. [2]

À côté de cela, on rencontre aussi parfois des avocats américains du libre-échange exprimant une opinion critique à l'égard des œuvres de Garrett. Celui-ci aurait fait preuve dans ses écrits, de complaisance pour les idées protectionnistes[3]. Cette critique est d'autant plus frappante qu'on la retrouve même chez Bruce Ramsey, journaliste politique au *Seattle Times* et auteur d'une biographie très enthousiaste[4], entre autres travaux de réédition importants consacrés à Garrett. Ramsey présente donc cette idée en décalage avec le reste de l'œuvre plutôt comme une sorte de caprice car le recours conséquent à la rhétorique du protectionnisme impliquerait finalement l'acceptation délibérée de la souveraineté des gouvernements sur les affaires commerciales privées de leurs citoyens.

Comme *Une bulle qui ruina le monde* a pour objet principal le rapport entre commerce et politique dans les relations internationales des grandes puissances occidentales, on pourrait s'attendre à ce que ce qualificatif étonnant de « protectionniste » soit néanmoins partiellement reflété dans les thèses qui émaillent ces chroniques de l'entre-deux-guerres, c'est-à-dire que l'on y trouve un exposé favorable d'une situation au moins dans laquelle le gouvernement ferait valoir un intérêt collectif au bien commun de la république, comme réaction justifiée à un déficit sur les marchés d'échanges privés.

En fait, on chercherait en vain une telle défense de la rhétorique protectionniste et le qualificatif ne semble pas être vraiment mérité. On est toutefois loin dans cet ouvrage des simples

---

[2] Jeffrey Tucker, https://mises.org/daily/2751/Who-Is-Garet-Garrett, 2007.

[3] cité dans une interview sur Triblive de Ramsey par Bill Steigerwald en 2008: "he sometimes was a protectionist. He had an interesting argument for it. He wasn't averse to tariffs. ..... He didn't want the government to manage who traded with whom though".

[4] *Unsanctioned Voice*, par Bruce Ramsey, Caxton Press, 2008

clichés que l'on attache habituellement à l'idée du « laissez-faire » de nos jours. L'intérêt historique majeur de l'œuvre est précisément de mettre en évidence un décalage réel entre ces textes et la communication politique censée faire officiellement la promotion du libre-échange aujourd'hui. Car depuis la rédaction de ces chroniques, l'activité des banques centrales s'est substituée entièrement à l'idée ancienne d'une garantie indépendante (grâce à l'étalon-or) sur la mesure internationale du crédit. Le « laissez-faire » actuel paraît ainsi avoir perdu une grande partie de sa saveur comparé avec ce qu'il signifiait historiquement et aux conceptions que nous rapporte Garrett.

La conviction profonde exprimée en son temps par Garrett correspond à une réflexion américaine ancestrale sur la propriété privée : dans une république, son rôle ne peut en rien se concevoir comme subordonné à celui de la politique collective exercée au parlement. Ces deux institutions, le privé et le public, constituent précisément dans leur équivalence, le fondement de la république. [5]

Écrit en 1932, *Une Bulle qui ruina le monde* remet en question et démystifie avant tout les nombreuses rumeurs concernant les dettes publiques internationales dont le remboursement était encore en suspend dans le monde entier, celles contractées durant la guerre en 1914 et pour les besoins de la reconstruction ensuite. Garret remettait en cause la communication politique et médiatique discordante de ses contemporains à leur sujet. Sur le papier, ces dettes semblaient énormes, mais quelle était réellement la charge de remboursement pesant sur les peuples après les Traités de Versailles? Pourquoi ne devaient-elles pas être remboursées aux Américains ? Avant même de chercher à comprendre les exigences du remboursement de ces dettes, il fallait sans doute d'abord rechercher à quoi les sommes prêtées durant les 11 années qui s'étaient écoulées depuis la guerre jusqu'à l'ef-

---

[5] En réalité, l'existence d'une frontière inviolable entre la propriété privée et l'intérêt public est aussi déjà relevée par Hannah Arendt, dans son livre *La condition humaine* publié chez University Press Chicago en 1958, comme étant le fondement même de la pensée politique grecque et romaine. Ch II « The Public and the Private Realm » pp 28-32.

fondrement financier de Wall Street avaient été utilisées. Où était passé tout cet argent ?

Garrett voyait comment l'importation de biens produits avec l'épargne américaine en Europe, prenait des formes monstrueuses qu'il convenait de dénoncer dans ce contexte très particulier. Ainsi même le décret douanier Smoot-Hawley tant décrié, semblait prendre la forme d'une barrière qui s'opposait avant tout, à une logique commerciale fallacieuse, voire frauduleuse. [6]

La spéculation privée avait certes envenimé les choses, mais aux yeux de Garrett le risque d'un défaut de remboursement des dettes alliées constituait dès l'armistice et peut-être même avant, un processus de déstabilisation qui n'était pas toujours désintéressé affectant tout système de république, en particulier celui de l'Amérique. [7] Il suivait la croissance démesurée de cette bulle spéculative et décrivait le cours inévitable de son mécanisme. Les investissements dans les dettes émises sans fin par les nations souveraines à Wall Street, étaient remboursés uniquement au prix de nouvelles dettes ; cela avait commencé bien longtemps déjà avant l'implosion générale des marchés privés en 1929.

Le refus soudain de remboursement dès la fin du conflit mondial résultait manifestement davantage d'un calcul politique du côté européen, que d'une nécessité économique adoptée d'urgence sous prétexte de compassion pour les populations dans la misère. [8] Les mêmes nations débitrices en Europe, pré

---

[6] Garrett BBW, pp 39 : "The fatal weakness of the scheme is that you cannot stop. When new creditors fail to present themselves faster than the old creditors demand to be paid off, the bubble bursts. Then you go to jail, like Ponzi, or commit suicide, like Ivar Kreuger. There is nothing new in the scheme. What is new is that for the first time the whole world tried it".

[7] Garrett BBW, pp 9, parlant des pouvoirs de crédit dont la nouvelle banque Fédérale fut investie dès 1913 comme parmi les ingrédients les plus dangereux ayant contribués à précipiter le monde dans un désastre: « When the war was over this country was paramount in two dimensions. Its industrial power was apparently limitless and it had the finest credit machine in the world. Certainly these ingredients were potent;

[8] Garrett BBW, pp 82 : " ...the saying that a rich nation, only because it is richer than others, is obliged to disperse its surplus among the envious and

tendaient en effet simultanément faire défaut quant au remboursement de leurs crédits octroyés depuis le début par le gouvernement américain et contracter toujours davantage d'emprunts à Wall Street, ce qui pouvait donner brièvement l'illusion d'un retour à la solvabilité, tandis que le développement de leur industrie nationale avançait à grand pas. [9]

Dans cet état d'endettement croissant de l'Europe qui semblait être une fraude contractuelle[10] monstrueuse aux yeux de Garrett, le rachat au comptant des marchandises européennes en particulier, était l'acte apparemment anodin qui renforçait la « Bête » toujours davantage.

Il est très probable que c'est en partie dans cet esprit que le Président Hoover — lui-même Républicain et témoignant toute sa vie de sympathies personnelles pour Garrett[11] — signa le fameux décret douanier Smoot Hawley en 1930, c'est-à-dire aussi pour résoudre la crise du crédit. Néanmoins, les motivations de son successeur furent certainement assez différentes: le Président Roosevelt approuvait le protectionnisme américain car toute idée de laissez-faire économique lui paraissait être synonyme d'inégalité odieuse.

A posteriori cependant, ce décret Smoot-Hawley voté sous Hoover semble être devenu la hantise de tout économiste moderne et cela jusqu'aujourd'hui. On l'associe généralement à un

---

less fortunate. That idea, indeed, has been asserted by many European doctors of political economy, who either do not see or care not that international borrowing tends thereby to become reckless and irresponsible, and is soon tinged with the ancient thought of plunder."

[9] Garrett: BBW, pp 91 "Germany built up her internal economy in order to be able to pay reparations and then paid them out of the increase of her wealth. She did build up her internal economy amazingly. ... And that is how it happens that she is to-day the second most powerful industrial nation in the world. The United States is first in the world. Germany is first in Europe"

[10] Garrett: BBW, pp 133 : "Congress entertained no proposal to treat the loans as gifts or subsidies, nor otherwise at all than as loans, strictly repayable with interest, and... the bill as quoted became a law by unanimous vote in both House and Senate".

[11] La correspondance entre les deux hommes conservée à la librairie présidentielle mériterait d'être étudiée à ce sujet.

protectionnisme national exacerbé. Il aurait fait suite à l'effondrement du crédit international en 1929, mais par lui-même,
il aurait rendu interminable, une récession économique passa-
gère. Ce règlement est donc devenu le symbole par excellence
d'une sorte d'aveuglement politique interventionniste, incom-
patible avec la clairvoyance scientifique moderne. Paradoxale-
ment, par une sorte de phénomène de refoulement[12], la gravité
du crash qui le précède est souvent présentée inversement aujourd'hui par les mêmes économistes comme la manifestation
d'un manque cruel de conscience, du fait que les marchés ne
pouvaient pas revenir d'eux-mêmes à la croissance, sans intervention décisive du pouvoir central.

Garrett rend parfaitement compte de cette même diversité
des vues économiques concernant le rôle de l'État dans la Finance après l'effondrement du crédit à Wall-Street, dans toutes
ses composantes et sans prendre parti pour aucun intervention-
nisme dans l'absolu. Il arrive à nuancer une préférence nationale
objective cependant, car les aléas auxquels l'épargne, les impôts,
les titres de propriété et les approvisionnements de ses concitoyens sont tous soumis à l'étranger, le sont bien davantage encore sous juridiction étrangère. [13] En cela, l'histoire politique et
les défauts historiques de remboursement des dettes européennes confirment largement ses appréhensions ; même en comptant les remboursements encore postérieurs à 1945, à en juger
du sort de l'épargne nationale, c'est celle de la population américaine qui aura été la plus malmenée dans le processus de reconstruction européenne qui a suivi les traités de Versailles.

---

[12] Ben Bernanke évoque dans son discours de la Banque Centrale de Londres
le 25 mars 2013: "Economists still agree that Smoot-Hawley and the ensuing
tariff wars were highly counterproductive and contributed to the depth and
length of the global Depression. ... In sharp contrast to the tariff wars, mone-
tary reflation in the 1930s was a positive-sum exercise, whose benefits came
mainly from higher domestic demand in all countries, not from trade diver-
sion arising from changes in exchange rates."
[13] Garrett: BBW, p 22 "But if we lend our credit to foreign countries and
they build pyramids with it, we have to spend money in foreign travel even
to look at them; and if we lend our credit for skyscrapers and railroads and
power plants to be built in foreign countries and these turn out badly we
cannot send the sheriff to seize them"....

S'agit-il en cela de vues protectionnistes ? En critiquant l'incertitude de ces contrats, Garrett fournit au contraire un argument en faveur des restrictions sur le financement des interven-
tions gouvernementales. Les collectivités publiques étrangères
recourent de préférence au bassin de l'épargne à Wall Street
pour financer de grands travaux d'utilité publique chez elles.
Leur objectif annoncé est tant de rénover les infrastructures de
confort public, que de résorber le chômage dans la population
et de financer d'autres mesures sociales. L'auteur dénonce quant
à lui, la réalité partiellement illusoire de ces objectifs en général,
il constate le principe selon lequel les grands travaux financés à
crédit, augmentent surtout le prestige de leur commanditaire
aux élections, mais, nécessitent en contrepartie des rentrées fiscales supplémentaires incertaines. En fin de compte, Garrett se
montre particulièrement favorable à la limitation des investissements privés dans les dettes des collectivités publiques et des
nations souveraines. [14]

Au second chapitre, Garrett évoque encore concrètement de
manière assez ambiguë le cas de l'industrie de la potasse fertili-
sante après-guerre, un domaine dans lequel les exploitations
d'Alsace disposaient d'une position commerciale dominante[15].
Il mentionne les protestations informelles du gouvernement
auprès du secteur privé américain, comme ayant été bien fon-
dées. Leur avertissement visait à décourager l'investissement
privé — soit l'exportation de l'épargne — mais il ne mentionne

---

[14] Garrett BBW, pp 36 « ... let the impatience for them become extravagant
and reckless, as it will and does, and let too much labor be moved by credit
to the making of them all at once, and you may be sure of what will happen.
To pay interest on the debt and then to pay the debt itself, taxes will rise until
people cannot afford to pay them. That is what they will say. But the reason
they cannot afford to pay taxes is that they could not afford those very desir-
able unproductive things to begin with. Either they did not know this in time
or they did not care."
[15] Garrett BBW, pp22 « By informality the government did effectively object
to a loan Wall Street would have floated for the Franco-German potash monopoly...Only ten years later and with American chemical science struggling
to develop American sources of potash as a vital national possession, Wall
Street, but for the objection of the government, would have loaned $25,
000,000 of American credit to strengthen the Franco-German monopoly."

d'aucune manière la taxation de la potasse à l'importation. En effet, si cette intervention du gouvernement visait effectivement à empêcher l'affectation de capitaux privés à l'étranger, il était choquant qu'elle se fasse en l'absence totale de visibilité sur le risque politique et économique touchant réellement l'épargnant américain dans ce domaine particulier. Pour Garrett, le financement de la production de potasse dont il était question à Wall-Street était particulièrement lourd de conséquences pour les investisseurs du fait que toutes les mines d'Alsace avaient été nationalisées par la France après Versailles. Le risque était donc intimement lié aux dettes internationales en déshérence et à leur avenir politique déjà largement compromis. [16] On ne peut donc pas reprocher sérieusement à Garrett un plaidoyer protectionniste concernant des biens privés en général, ni la défense de la politique commerciale interventionniste.

Dans quelle mesure l'auteur s'écarte-t-il cependant des conceptions modernes concernant le laissez-faire économique ? Aujourd'hui, le bénéfice théorique du libéralisme économique est associé avant toute autre chose à la prédominance des intérêts privés tant qu'ils ne nuisent pas aux intérêts d'autrui. Chaque contrôle collectif de prix est également remis en cause en sa qualité de privilège arbitraire, susceptible de profiter durablement à certains intervenants privés relativement à d'autres (qu'ils soient consommateurs ou commerçants). L'idée de bien public ne saurait a priori souffrir de tels privilèges, à moins de créer des citoyens de première et de deuxième classe.

Parmi tous les arguments logiques en faveur de l'augmentation du bien public depuis Adam Smith, le fait que le « protectionniste » des échanges expose aussi les entreprises locales à des ripostes collectives touchant leurs produits à l'étranger et qu'il conduit donc à réduire la richesse collective induite par les

---

[16] Garrett BBW, pp 21: "When the United States Treasury stopped making post-armistice loans direct to European countries they all turned to Wall Street and began there to borrow private credit very heavily, while at the same time they were refusing to go to the United States Treasury and fund their promissory war-time notes into long-term bonds, according to the terms of their war loan contracts".

échanges volontaires est sans doute le plus facile à comprendre. Mais Garrett prend le parti dans son ouvrage, d'attaquer la justification du protectionnisme en elle-même plutôt que l'effet de ses manifestations superficielles.

Il s'en prend donc d'abord à cette forme moderne de colbertisme, qui recommanderait aux nations le maintien en permanence, d'une balance commerciale internationale positive, justifiant aussi le recours au crédit à cette fin — pour en démontrer l'absurdité logique. Il souligne les conséquences déjà tangibles à son époque de ce syllogisme. [17]

En 1929, en raison de l'insolvabilité générale proclamée pour des raisons d'opportunisme politique, de très nombreux épargnants et contribuables américains étaient en effet menacés de perdre tout ce qui avait été prêté à Wall Street en leur nom durant quinze années. Les sommes avaient gonflé de manière colossale grâce à la nouvelle élasticité que la Réserve de Banque Fédérale donnait à l'étalon de mesure du crédit et les banquiers avaient dissimulé plus ou moins sciemment le risque que couraient dans un tel climat des relations internationales, les prêts obligataires aux nations étrangères. Le mécanisme par lequel ce risque se reportait même sur le simple dépôt bancaire des citoyens en fin de compte était dissimulé. [18]

Sans céder à la psychose, pour mieux faire comprendre le danger des transactions transfrontalières, Garrett déroule ainsi tout le mécanisme économique de la manipulation monétaire à

---

[17] Garrett BBW, pp7 "…Yet you will be almost persuaded that tariff barriers as such were the ruin of foreign trade, not credit inflation, not the absurdity of attempting by credit to create a total of international exports greater than the sum of international imports, so that every country should have a favourable balance out of which to pay its debts…"

[18] Garrett BBW, pp 49-50 "How far these people are from what is being done with the credit that rises from the dollars they leave at the windows! How little they know about it! … Fancy telling the man in overalls …that his money, multiplied ten times by the bank, will go to a speculator on the New York Stock Exchange, or to mend a cathedral in Bavaria, or to a foreign bank that may lose it unless the matter of reparations is somehow settled in Europe, or that it may be loaned to Germany in order that Germany may pay reparations to the Allies in order that they may be willing to pay something on account of what they owe to the United States Treasury."

laquelle se livrait la Grande-Bretagne en particulier. Pendant la guerre, tout en dépensant son or dans le conflit, elle prétend maintenir grâce au crédit du Trésor Américain, la même parité de valeur que celle qui existait en temps de paix entre la livre britannique et l'or. Après la guerre néanmoins le gouvernement britannique refusa brusquement d'honorer les clauses de remboursement de cet énorme crédit en invoquant des contraintes humanitaires, tout en demandant de nouveaux crédits. Après de nombreuses manipulations politiques, transigeant finalement sur une partie, les Britanniques ont regagné un accès aux marchés du crédit souverain pour reprendre alors aussitôt les pratiques financières trompeuses du protectionnisme monétaire (l'objectif annoncé de cette surévaluation monétaire à crédit était de rendre l'importation des biens étrangers relativement plus lucrative pour les Britanniques). Garrett critique la duplicité de cette politique monétaire à crédit débutant durant la guerre et son rôle direct dans l'effondrement des marchés du monde quand l'Angleterre prétendit faire défaut sur ses obligations après 1925. [19] C'est une critique du protectionnisme en profondeur qu'on lui doit donc, car elle éclaire en général ce qui dans les idées de domination industrielle internationale, sous des prétextes de haute civilisation sociale, s'apparente davantage à un pillage barbare de l'épargne.

Rappelons à cette occasion que dans le détail, la présentation du décret Smoot-Hawley comme la mère des mesures protectionnistes, est en soi-même un cliché réducteur. Il existe désormais[20] une remise en question mieux documentée, tant pour ce

---

[19] Garrett BBW, pp 141 "... after they had launched an organized political propaganda, ... for an all-around cancellation of war debts, ... the British became extremely resentful of any saying that they had used American Treasury dollars for other than purely war purposes..."

[20] Des intervenants majeurs dans les relations internationales semblent aussi lui donner raison, comme en témoigne Alfred Eckes. Il fut Président de la Commission du Commerce International sous l'Administration Reagan et Bush. Dans son livre «Opening America's Market: U.S. Foreign Trade Policy Since 1776 ». Alfred E. Eckes, Jr. A mis en évidence comment le décret Smoot-Hawley, s'il ajoutait de nouvelles taxes à l'importation, en rabaissait et en éliminait bien d'autres : « À l'exception du décret Underwood durant la 1ere Guerre mondiale, aucune politique douanière avant ou après Smoot-

qui est des conséquences exactes que des objectifs économiques concrets qui auraient vraisemblablement pu inspirer les décisions concernant ces barrières au commerce en 1930.

Garrett évite de prononcer un jugement général sur les restrictions douanières dans ses chroniques. Il lui paraît plus important de relever de sérieuses contradictions tant dans les arguments qui défilent sans arrêt en faveur du protectionnisme, que dans ceux exprimés contre lui à cette époque. Le lecteur découvre combien la crise des dettes souveraines domine le théâtre des relations internationales dans tout l'entre-deux-guerres et atteint en 1929 un pic dont l'impact ne semble toujours pas près d'être oublié un siècle plus tard. Il paraît dans ce cas assez inconcevable que les arguments évoqués à l'occasion du vote de la proposition Smoot-Hawley, qu'ils soient antiprotectionnistes ou protectionnistes, même pris tous ensemble, aient en eux-mêmes[21] pu rendre beaucoup d'espoir aux contemporains de Garrett, quant à une amélioration rapide de la condition américaine. Garrett les invite au contraire à traiter le mal plus radicalement, sans se laisser distraire par de savantes sophistications. Il dénonce l'absurdité et l'angélisme que comportent les appels internationaux à une neutralité du gouvernement américain ainsi qu'à l'abstention de toute immixtion en 1930. Que l'on le veuille ou non, ce gouvernement était lui-même partie prenante collective à cette époque car il avait alloué le produit des taxes de ses citoyens à l'achat de dettes sou-

---

Hawley n'a jamais autorisé l'importation sous exemption totale de taxe, pour une part supérieure en termes de valeur de biens commerciaux ». Une analyse méticuleuse de la correspondance diplomatique, permet aussi à Mr. Eckes de détruire un mythe selon lequel Smoot-Hawley avait provoqué une vague de discriminations touchant les exportations américaines.

[21] Citant la réaction internationale au moratoire des dettes de 1931: Garett BBW, pp 60 "[they said] the Hoover plan was all right; the intention was good. Only it was inadequate in the first place, and then, unfortunately, the dilatory and public discussion of it by the nations concerned has advertised Germany's condition to the whole world. Now all of Germany's private creditors are in a panic. American banks are calling their deposits out of German banks. The Germans themselves are in flight from the mark."

veraines étrangères menacées de défaut. [22] Comment devait-il alors s'en désintéresser entièrement ?

Garrett ne se fait déjà plus d'illusion. Ni sur la valeur actuelle, ni sur l'avenir de l'étalon monétaire sous la coupe de la Banque Fédérale, ni sur les conséquences négatives qui s'annoncent ainsi pour le monde contemporain. À plus forte raison, en analysant la manipulation monétaire britannique, il voit confirmé le danger que constitue l'émission des dettes publiques internationales. Leur croissance effrénée est non moins incongrue en 1932 que ce processus ne l'est aujourd'hui. Ce qui frappe surtout Garrett[23] en observant les artisans de cette bulle, c'est leur manque de compréhension des contingences auxquelles est exposée leur épargne sous juridiction étrangère ou tout au moins, le manque de fiabilité qui touche les sources d'information à leur sujet. Il identifie ainsi l'existence de risques systémiques touchant le monde entier. [24] Tout ceci rend donc la « libéralisation » sur le marché des dettes publiques bien illusoire dans les faits. C'est dans ce cadre historique que Garrett conteste tout au plus la pertinence du laissez-faire économique ; pas dans l'idée épurée des premières théories d'Adam Smith mais comme un mirage détournant l'attention américaine des pillages commandés par les politiques impériales de la vielle Europe.

---

[22] Garett BBW, pp 64 "It said the Federal Reserve Bank of New York had put a pistol to England's head. Which was to say, the Americans had no right to name the terms on which they would lend their money to save the Bank of England or to save the credit of the British Treasury. They ought to lend their money and mind their own business."

[23] L'intuition de Garrett lui permettant d'identifier les problèmes majeurs du nouveau système financier qui se dessine à peine est remarquable à ce titre. Encore aujourd'hui, le défaut de l'Argentine, la faillite de la banque Lehmann, l'insolvabilité de la Grèce, l'insolvabilité des fonds Maddof, tous ces effondrements contemporains pour ne citer qu'eux, semblent pouvoir illustrer chacun, un grave défaut de connaissance du risque de la part des investisseurs.

[24] Garett BBW, pp 118 "No longer was [the pound sterling] the universal unit of value in which all other things were priced. Now the pound sterling itself has to be priced in other things—in American dollars, for example. Then suppose the same thing should happen to the dollar, which had recently become the next most stable unit of value in the world's opinion...."

Dans ces textes en particulier, la question n'est donc pas a priori, de tester ou d'affirmer la valeur du libre-échange durant cette période tourmentée. Elle est de savoir si les motifs invoqués en faveur des théories du libre-échange après l'effondrement du crédit privé en 1929 et après la dépréciation de tous les stocks, ou ceux décrétant concrètement la faillite du système, sont suffisamment dignes de l'idéal plus profond à ses yeux, que représente la république.

Garrett s'étonne que dans la république, le crédit public et privé tel qu'il a été largement utilisé à partir de 1918, puisse avoir pour objectif de financer le développement d'une industrie mondiale à l'étranger, mais sans l'existence d'aucune garantie de remboursement en contrepartie. Comme après 1929, la menace de ne jamais voir son épargne remboursée, ou du moins de manière satisfaisante, était devenue si inquiétante, il importe pour Garrett de tracer un portrait réaliste de l'avenir de ces politiques internationales. Ainsi, le rôle du gouvernemental américain dans la finance internationale ne doit pas être davantage de résoudre un quelconque échec du libre-échange que de favoriser à tout prix le commerce en vue de la domination internationale. Concrètement, ses textes plaident surtout pour un recadrage des conditions indispensables au développement sain et durable de l'industrie, soit le respect de la propriété privée dans les mœurs et les institutions.

C. J.

CHAPITRE I
COSMOLOGIE DE LA BULLE

Le Seigneur offre la croissance, mais les hommes ont élaboré le crédit.

Les méprises collectives ne sont pas rares. Elles sont le sel de l'histoire humaine. Celles de type hallucinatoire sont bien connues ; la frénésie brusque appelée « manie » est aussi connue ; celle-ci restant généralement localisée, telle la manie de la tulipe apparue en Hollande il y a de cela de nombreuses années, ou la frénésie des actions de la période récente[1] à Wall Street ; mais une méprise affectant en une seule fois l'état d'esprit du monde entier était inconnue jusque-là. Toute l'expérience de son emprise sur nous est originale.

Il s'agit d'une méprise concernant le crédit. Et tandis que la nature même du crédit, suggère qu'une ligne précise départage le point de vue du créancier de celui du débiteur. Le phénomène irrationnel dans ce cas de figure est que depuis plus de dix ans les débiteurs et les créanciers ensemble ont poursuivi les mêmes mirages. À bien des égards, comme on le verra, la déraison du prêteur a dépassé l'extravagance de l'emprunteur.

La forme générale de cette méprise universelle peut être illustrée par trois de ses traits caractéristiques.

Tout d'abord, l'idée que la panacée pour soigner la dette est le crédit. Une dette dans cet ordre actuel de grandeur, est apparue avec la Première Guerre mondiale. Sans crédits, la guerre n'aurait pas pu continuer plus de quatre mois ; avec le bénéfice du crédit, elle dura plus de quatre ans. La victoire suivit le crédit. Le prix fut une dette effroyable. En Europe, la dette de guerre fut à la fois interne et externe. La dette de guerre américaine était uniquement interne. Notre pays fut le seul et unique à n'avoir rien em-

---

[1] Ndr : 1928.

prunté du tout ; non content de ne rien emprunter, il a prêté à ses associés européens, parallèlement à ses propres efforts de guerre, plus de dix milliards de dollars. [2] C'est ce que les gouvernements européens devaient au Trésor Public américain, en plus de ce qu'ils se devaient mutuellement, entre eux et à leur propre population. L'angle d'attaque adopté par l'Europe pour aborder sa dette, dette à la fois interne et externe, fut de recourir au crédit. Elle fit appel à notre pays pour emprunter d'immenses sommes d'argent provenant du capital privé — des sommes qui avaient été inconcevables avant la guerre — nous disant qu'à moins d'obtenir par le crédit américain, les méthodes et les moyens lui permettant de commencer à porter le fardeau de sa dette, elle ne serait absolument pas capable de le déplacer.

Résultat : Le fardeau de la dette privée due par l'Europe à ce pays, est maintenant plus lourd que la charge de sa dette de guerre ; et la dette de guerre, avec les arriérés d'intérêts, est supérieure à ce qu'elle était le jour où la paix a été signée. Et il ne s'agit pas seulement de l'Europe. La dette représentait la frayeur économique du monde entier, lorsque la guerre[3] a pris fin. Comment faire pour la rembourser ? Tel était le problème colossal en son centre. Pourtant, vous aurez de la peine à trouver une seule nation, à trouver une subdivision administrative, un seul État, ville, village ou contrée qui n'ait pas encore multiplié sa dette depuis lors. La somme de cet accroissement des dettes est prodigieuse, et une très forte proportion de cette somme provient du recours au crédit pour éviter le remboursement de dettes.

Deuxièmement, une doctrine sociale et politique, très généralement admise actuellement, qui se fonde sur les prémisses selon lesquelles les gens ont droit à certaines améliorations de la vie.

---

[2] NDR: soit officiellement l'équivalent de 230 Milliards de dollar aujourd'hui, mais la valeur exacte de ces grandeurs est difficile à saisir : en mesurant l'inflation du prix de l'or, auquel le dollar était couplé, ce montant de 10 Milliards équivaut même à 650 Milliards, voire même 880 Milliards au plus haut des fluctuations des dernières années)

[3] NDR: la Première Guerre mondiale

S'ils ne peuvent pas se les payer immédiatement, c'est-à-dire, si ces améliorations ne peuvent pas être tirées de leurs propres ressources, la doctrine assume que les gens n'y ont cependant pas moins droit, et qu'il faut les fournir à crédit. Et de peur que cela ne paraisse déraisonnable, on ajoute en conclusion que, si le niveau de vie général devait s'élever par l'effet du crédit, comme cela pourrait être le cas durant un certain temps bien entendu, alors les gens seront de meilleurs créanciers, de meilleurs clients, plus conviviaux, et ils seront enfin à même de payer leurs dettes volontairement.

Résultat : la moitié de tous les gouvernements probablement, nationaux et communautaires, sur les territoires de la civilisation occidentale, est soit en faillite, soit en situation de détresse aiguë pour avoir trop emprunté selon cette doctrine. Elle a détruit le crédit des pays qui n'avaient pas de dettes de guerre pour commencer, des pays que le commerce de la guerre avait énormément enrichis, et des pays qui ont été nouvellement créés à l'issue de la guerre. Maintenant que le crédit fait défaut, et que les niveaux de vie ont tendance à redescendre les étages auxquels il les a hissés pendant un certain temps, c'est le désarroi politique. Vous entendrez que le gouvernement lui-même est mis en péril. Comment le gouvernement peut-il éviter le bouleversement social, comment peut-il survivre, sans faculté de crédit ? Comment les gens pourront-ils vivre comme ils ont appris à vivre, et comme ils ont le droit de vivre, sans les fruits du crédit ? Peut-on leur dire de revenir en arrière ? Ils ne reviendront pas en arrière. Ils se soulèveront d'abord. Telle est la rhétorique illustrant le point de vue émotionnel. Elle ne dit pas que, ce contre quoi les gens menacent de se soulever, c'est le remboursement de la dette issue du crédit englouti. Quant à ceux qui ont vécu à crédit au-delà de leurs moyens, la dette les dépasse. S'ils s'obligent à payer des impôts pour la rembourser, cela revient à retourner un peu en arrière. S'ils répudient leur dette, c'est la fin de leur crédit. Devant ce dilemme, la solution idéale, donc celle également recommandée pour le créancier lui-même, est davantage de crédit, davantage de dettes.

Troisièmement, l'argument que la prospérité est un résultat du crédit, alors que depuis le début de la pensée économique, on considérait que la prospérité existait du fait de l'augmentation et de l'échange de la richesse, et assumait que le crédit en était le produit.

Cette manière de penser à l'envers a été fondamentale. Elle rationalisait la méprise dans son ensemble. Son succès imaginaire le plus étonnant apparaissait dans le domaine de la finance internationale, où il était devenu peu orthodoxe de douter de ce qu'à travers l'utilisation du crédit, en ordres de grandeurs progressifs pour gonfler le commerce international, le problème de la dette internationale était résolu. Tous les pays débiteurs allaient satisfaire à leurs obligations vis-à-vis de l'étranger avec une balance commerciale favorable.

La balance commerciale extérieure positive d'une nation consiste à vendre plus que ce qu'elle n'achète. Était-il possible pour des pays de se vendre l'un à l'autre plus que ce qu'ils achetaient l'un de l'autre, de sorte que tout le monde puisse avoir une balance commerciale favorable ? Certainement. Mais comment ? En vendant à crédit. En prêtant l'un à l'autre le crédit nécessaire pour acheter l'un à l'autre ses marchandises. Tous les pays ne seraient pas en mesure de prêter de manière équivalente, bien sûr. Chacun devrait prêter en fonction de ses moyens. En l'occurrence, notre pays serait le principal prêteur. Et d'ailleurs, les États-Unis l'étaient.

Comme le crédit américain était accordé aux nations européennes à concurrence de plus d'un milliard de dollars par an comme expansion de notre commerce extérieur de manière générale, on posa la question parfois : « Où réside le profit dans un commerce au nom duquel vous prêtez à vos clients l'argent pour acheter vos marchandises ? »

La réponse fut : « Mais, à moins de leur prêter l'argent pour acheter nos produits, ils ne seraient nullement en mesure de les acheter. Alors, que devrions-nous faire de notre excédent ? »

Comme il apparaissait que les pays européens avaient employé d'énormes sommes de crédit américain pour augmenter la puissance de leur équipement industriel, parallèlement à la nôtre, et les avaient utilisées entièrement avec l'intention de produire un excédent considérable de produits concurrentiels destinés à être vendus dans le commerce extérieur, on se posa parfois une autre question : « Ne sommes-nous pas en train d'accorder le crédit américain, pour accroitre les excédents exportables de l'Europe, excédents de biens semblables à ceux dont nous avons, nous-mêmes, un excédent croissant à vendre ? N'est-il donc pas vrai qu'avec le crédit américain, nous aidons nos concurrents à progresser sur les marchés mondiaux au détriment des produits américains ? »

La réponse a été : « Bien sûr que c'est vrai. Vous devez vous rappeler que ces nations dont vous parlez comme des concurrents doivent en même temps être considérées comme des débiteurs. Elles nous doivent beaucoup d'argent. Si nous ne leur accordons pas de crédit pour augmenter leur pouvoir de production excédentaire à exporter, elles ne seront jamais en mesure de nous payer leur dette. »

De vagues doutes, pour autant qu'il y en eût, sur le statut auquel une nation créancière peut s'attendre à accéder finalement, ont été écartés par un éminent esprit allemand, avec sa prédisposition raciale à soumettre par la logique toute l'effet problématique d'un immense délire. C'était le docteur Schacht, ancien directeur de la Reichsbank allemande. Il tenait ces paroles dans notre pays. Aux pays créanciers, en fait celui-ci principalement, il réservait la fonction d'accorder les crédits au travers d'une banque internationale aux peuples rétrogrades du monde, dans le but de les amener à acheter des radios américaines et des colorants allemands.

Sur la foi de cet argument en faveur d'une prospérité mondiale infinie, résultant d'un crédit illimité octroyé au commerce étranger, nous avons accordé des milliards de dollars en crédits américains à nos débiteurs, à nos concurrents, à nos clients, dans un geste destiné aux peuples rétrogrades. Nous avons octroyé un crédit à des concurrents qui l'ont octroyé à leurs clients ; nous avons fait crédit à l'Allemagne qui a fait crédit à la Russie, dans le but de permettre à la Russie d'acheter des biens allemands, y compris les produits chimiques allemands. Durant plusieurs années, ce fut l'extase dans le commerce extérieur. Toutes les courbes statistiques représentant la prospérité du monde se sont dressées comme des serpents effarouchés.

Résultat : beaucoup plus de dettes. Un effondrement mondial du commerce extérieur, de loin le pire qui ait été observé depuis le début des temps modernes. [4] Prostration extrême des serpents statistiques. Un crédit représentant plusieurs centaines de millions de jours de travail, enfermé dans un équipement industriel immobilisé, tant ici qu'en Europe. L'équipement est immobilisé parce que les gens ne peuvent pas se permettre d'acheter sa production à des prix qui donneraient à l'industrie, les moyens de rembourser les intérêts de sa dette. Un pays pourrait oublier sa dette, débloquer son équipement, et inonder les marchés du monde avec des produits au rabais, et par cette attaque, éradiquer une grande partie de la concurrence. Mais bien sûr, cette pensée vient à l'esprit de chacun, de sorte que tous, d'un seul élan, dressent des barrières douanières très élevées, contre les marchandises des autres, pour les tenir à l'écart. [5] Ces barrières tarifaires peuvent être considérées comme des réactions instinctives. Elles présagent probablement une réorganisation du commerce extérieur, dans lequel l'échange de biens concurrentiels aura tendance à baisser, tandis que l'échange de biens non compétitifs aura tendance à augmenter inversement. Pourtant on vous persuadera presque que ce furent les barrières tarifaires en tant que telles, qui causèrent la ruine du commerce extérieur, et que ce n'était pas l'inflation du crédit, que ce n'était pas l'absurdité de la tentative de créer par le crédit, un solde international des exportations supérieur au solde international des importations, de sorte que chaque pays devait avoir une balance positive permettant de payer ses dettes, on vous persuadera que la ruine venait seulement de cette habitude stupide que les gens ont tous de vouloir vendre sans rien acheter.

L'histoire de la vie des méprises, comment elles naissent, grandissent, vieillissent et meurent, ferait l'objet d'une étude intéressante. Le début et la croissance de celle-ci peuvent être retra-

---

[4] NDR: octobre 1929
[5] NDR: aux USA, le Smoot-Hawley Tariff Act de 1930

cés facilement. Une guerre, une découverte et une coïncidence, les trois ensembles, créèrent la circonstance.

Il a fallu la guerre pour découvrir dans notre pays une puissance de production inimaginable pour le monde entier, et non moins incroyable pour nous-mêmes. Nous avons oublié à quel point ce fut incroyable. Pendant les premières semaines de la guerre, nous étions paniqués à l'idée que, dans le but de trouver de l'argent pour leur combat, les nations d'Europe pourraient avoir à vendre leurs portefeuilles de titres américains. S'ils étaient mis en vente sur le New York Stock Exchange, nous serions alors obligés de les acheter.

Ceci dit, le montant total des avoirs en titres américains en Europe ne dépasse pas cinq milliards de dollars. Pourtant, la perspective d'avoir à racheter cinq milliards d'actions et obligations américaines de l'étranger était si terrifiante que certains vétérans de la banque internationale à Wall Street ont suggéré que notre pays suspende les remboursements en or. C'est le peu de conscience que nous avions de notre propre pouvoir. Personne n'aurait pu imaginer qu'en plus de décharger l'Europe de nos titres — ce que nous avons fait par la hausse des cotations boursières — nous étions sur le point de dépenser vingt-cinq milliards pour la participation à la guerre d'Europe, et sur le point de prêter simultanément plus de dix milliards à nos partenaires européens, le tout en moins de cinq ans. Aux yeux du monde entier, ce fut comme la découverte au milieu des terres déjà explorées, d'un nouveau continent infiniment riche ; pour nous, ce fut une révélation ahurissante sur nous-mêmes.

La coïncidence fut qu'après de nombreuses années d'errements désordonnés dans cette direction, et quelques mois seulement avant le début de la guerre en Europe, nous avions trouvé la formule pour construire la machine de crédit la plus efficace qui ait jamais été inventée. Il s'agissait du système de la Réserve Fédérale. La loi portant création fut adoptée en décembre 1913. Le mérite extraordinaire de l'idée était qu'elle envisageait pour la première fois une monnaie flexible se dilatant et se contractant, au rythme des exigences du commerce et de l'industrie. L'entreprise générant son propre financement. C'était ça l'idée et cela a marché. Mais pendant que cela marchait ainsi, les ressources de crédit de l'ancien système bancaire national sous-jacent, et celles des quarante-huit systèmes bancaires indépendants propres aux États-Unis, mobilisées jusqu'ici pour financer l'entreprise dans sa traversée des saisons et de ses cycles, furent très largement libérées pour être utilisées à d'autres fins, quelles qu'elles fussent. Des fins d'investissement, de promotion et de spéculation.

Le nouveau système arrivait juste à temps. Sans lui, nous n'aurions pas pu récupérer si facilement nos titres détenus en Europe, ni financer le commerce de guerre, ni faire ces premiers prêts privés aux nations combattantes. Un prêt anglo-français de 500 millions de dollars constitua la première mise à l'épreuve notable de sa force. Et à peine avait-il été tenté, à peine sa mise à disposition jugée réalisable pour des centaines de millions, que cette force devait être testée aussi pour des dizaines de milliards de dollars, en vue de financer les emprunts de guerre du gouvernement des États-Unis, les financer à la fois pour nous-mêmes et simultanément pour nos associés européens.

Quand la guerre fut terminée, notre pays avait la suprématie dans deux domaines. Sa puissance industrielle était apparemment sans limites, et il avait la plus belle machine de crédit du monde. Sans aucun doute, ces ingrédients étaient puissants ; et le cheminement était inhabituel.

Depuis longtemps le sujet de prédilection de quelques esprits universels parmi nous, avait été le fait qu'en tant que peuple, nous devions apprendre à « penser à l'échelle internationale. » Nous ne l'avons jamais fait. Puis soudain, nous nous sommes retrouvés au premier plan sur la scène internationale, occupant ce rôle par le hasard des circonstances, sans aucune expérience, aucune méthode développée rationnellement, pas de schéma de pensée à appliquer. « Penser à l'échelle internationale », si cela avait jamais été défini, c'était une façon de penser non pas à nous-mêmes seulement, mais aux autres aussi, comme appartenant tous à un seul monde. Dans notre impatience de conquérir cette idée nous l'avons culbutée ; le penser-international devint une façon de penser non pas à nous-mêmes d'abord, mais au monde d'abord, aux autres personnes qui s'y trouvent, et à nos responsabilités envers eux. Aucune nation n'avait jamais pensé de cette façon. Si une nation a pu le faire, cela n'a pas duré long-

temps. Supposer que notre nation américaine, en pleine possession de ses sens, pourrait le faire ou le ferait, tel a été le premier
signe avant-coureur de la méprise à venir.

Une série d'influences diverses, toutes hétéroclites qu'elles furent, ont concouru à cet avènement. Il y avait d'abord l'influence
sentimentale. Pendant près de deux ans après l'armistice, le gouvernement américain a continué d'accorder des prêts aux pays
européens pour les soulager en général, étendant même sa libéra-
lité au camp anciennement ennemi, et il l'a fait avec l'approbation
populaire inconditionnelle. En même temps, un soutien privé
fondé sur base des sentiments fut offert et accepté. Des associa-
tions se sont constituées pour adopter des villes et des villages
européens. La renaissance de l'Europe était beaucoup plus que
notre préoccupation économique ; nous en avons fait notre souci
émotionnel. L'internationalisme, en tant que religion politique, a
saisi l'occasion pour marquer de sa propagande sur un esprit national réceptif. Des amis de l'Europe se sont organisés en groupes éminents, pour soutenir la thèse européenne de l'annulation
de la dette de guerre au détriment du contribuable américain.
L'influence directe de l'Europe était très puissante. Pour développer la pensée selon laquelle notre responsabilité morale et
économique concernant la réhabilitation de l'Europe était illimitée, on n'entendait plus le Vieux Monde que parlant d'une même
voix ; elle s'exprimait sans interruption dans toutes les langues
européennes, préparant ainsi, consciemment ou non, une fabuleuse source de crédit. Et enfin la finance américaine, comme on
aurait pu le prédire, s'est faite internationale, adoptant un corps
de doctrine très bien mis en relief, en partie assez malsain, mais
fort attrayant pour l'intérêt propre de l'agriculture et de l'industrie
américaine, en proie chacune au cauchemar des excédents, et
facilement convaincues que la seule solution se trouvait dans le
commerce extérieur financé avec le crédit américain.

Ni l'agriculture ni industrie ne se préoccupaient de savoir
comment leur excédent pouvait être acheté, du moins pas tant
que quelqu'un d'autre semblait en payer le prix. En fin de compte
tout le monde a dû le payer. La perte qui est retombée sur
l'investisseur privé est retombée également sur l'ensemble du
pays. Ces débouchés extérieurs pour les excédents, dont nous

étions si désireux de nous débarrasser, se sont avérés très coûteux.

Dire qu'il n'y avait aucune autre voie possible pour écouler notre excédent que de le donner sous forme de prêt, revient tout simplement à dire qu'à cette époque, notre esprit a failli. Nous n'avons pas arrêté de penser à un excédent de crédit, or une telle chose ne peut exister, à moins d'avoir atteint la satiété humaine totale. Le fait que nous avions le pouvoir de produire davantage de nourriture que ce que nous pouvions nous-mêmes manger, ou davantage de voitures que ce que nous pouvions utiliser, n'était pas un signe d'excédent, sauf dans un sens restreint, dépourvu de toute imagination. La puissance de la production est en elle-même infiniment polyvalente. S'il y a plus que ce dont nous avons besoin immédiatement, au lieu de l'utiliser pour produire un excédent de biens à donner sous forme de prêt au commerce extérieur, nous pouvons l'utiliser pour effectuer des œuvres collectives prodigieuses en vue du futur. Grâce au génie économique et financier, nous pouvons aussi transformer le surplus en crédit, et le conserver pour nous prémunir contre une période de famine, comme l'on conserve l'eau vive derrière des barrages. Une façon de le convertir et de le stocker serait de rembourser la dette publique, de sorte que, pour répondre à toute situation d'urgence à l'avenir, le gouvernement aurait un pouvoir d'emprunt énorme, sans devoir se soucier de son budget. Mais pendant tout ce temps, il fut plus facile de le laisser s'écouler en joyeux torrents.

Tout obsédés par l'idée d'être en présence d'un excédent de marchandise et d'un excédent de crédit qu'il fallait accorder en prêt à la seule fin d'en venir à bout, nous n'avions toujours pas trouvé d'excédent de bons logements, pour les personnes à faible revenu, dans les villes de notre pays. Il y avait et il y a toujours un besoin énorme pour ce type de logement. Le crédit nécessaire pour y répondre est difficile à mettre en œuvre. Pourtant le crédit américain a été octroyé librement dans d'autres pays à cette fin, notamment en Allemagne. Le capital emprunté grâce à des crédits publics, investi pour remplacer les taudis par des immeubles modèles, ne devrait pas être très rentable. C'est une affaire rarement rentable. Mais lorsque nous utilisons notre propre capital à cette fin, même s'il doit être perdu, alors nous avons encore les habitations modèles. Si nous construisons des pyramides avec notre propre crédit, au moins aurons-nous la jouissance des pyramides ; si nous utilisons notre crédit pour des entreprises à but lucratif privé qui tournent mal, les créanciers qui ont accordé le crédit peuvent enjoindre le shérif de vendre la propriété à de nouvelles mains, pour ce que cela rapportera, et quand bien même on aura perdu un peu de crédit, on en aurait eu la matière extraite, préservée dans son entièreté.

Mais si nous accordons notre crédit à des pays étrangers, et s'ils s'en servent pour construire des pyramides, nous devons dépenser de l'argent en voyage étrangers rien que pour pouvoir les regarder ; et si nous octroyons un crédit pour les gratte-ciel, les chemins de fer et les centrales d'énergie à construire dans les pays étrangers, et que cela tourne mal, nous ne pouvons pas envoyer le shérif pour les saisir. Où est l'État de Minas Geraes ? Vous ne seriez pas censé le savoir. Nous avons accordé seize millions de crédit américains à l'État de Minas Geraes, et tout ce que nous savons, c'est que les obligations de Minas Geraes sont en défaut. Si Amarillo, au Texas, avait perdu seize millions de crédit américain, nous pourrions au moins savoir où aller les rechercher.

Il est vrai que, tandis que tout ce que nous avons appelé excédent de crédit américain disparaissait à l'étranger à concurrence de sommes totalisant deux milliards de dollars par an, que tout s'en allait dans des localités dont nous n'avions jamais entendu parler et à des fins qui n'étaient parfois pas même mentionnées, les emprunts publics aux États-Unis étaient également extravagants. De nombreuses villes et États empruntaient sans doute plus que ce qu'ils pouvaient se permettre. L'emprunt privé aux États-Unis fut peut-être tout aussi hasardeux que l'emprunt privé partout ailleurs au même moment. Admettons que ce fut le cas. Il reste encore qu'il y a une différence entre connaître et ne pas connaître son débiteur ; entre savoir et ne pas savoir à quoi il a employé son emprunt ; entre le droit du créancier dans son propre pays de reprendre possession de sa propriété, et son incapacité à réagir aux nouvelles que son obligation brésilienne fait défaut. Il recevra les nouvelles sous forme imprimée, des mains de la même institution bancaire américaine qui a vendu les obligations, agissant à présent comme agent fiscal Brésilien. Parmi les nombreuses obligations brésiliennes émises dans ce pays, il peut arriver qu'il en ait une provenant de l'émission mentionnée dans le prospectus du banquier sous la mention : « 25 millions de dollars — États-Unis du Brésil (Emprunt de 1922 pour l'électrification de la Ligne Ferroviaire Centrale) — 30 ans à 7 pour cent. Obligations Or. » Les bons sont en défaut et la ligne ferroviaire centrale n'a jamais été électrifiée. Ce qui a été fait avec le crédit, seul le Brésil le sait. Les banquiers ne le savent pas. Quant à savoir ce que l'on peut faire à ce propos : rien du tout.

Le détenteur d'une obligation étrangère doit l'avoir achetée en pleine confiance. Il n'y a pas d'autre façon. Comment l'investisseur individuel pourrait-il examiner lui-même les ressources économiques d'un pays étranger et analyser son budget, ou entrer dans les comptes privés d'une société étrangère, analyser son bilan et, en outre, se former un jugement à propos de ses perspectives de succès dans le domaine ?

Pour ce qui est de la science, de l'émerveillement et du romantisme des investissements américains à l'étranger, de la situation périlleuse de l'investisseur individuel mis en confiance, et de la responsabilité morale du banquier, il existe une très belle analyse écrite par le regretté Dwight W. Morrow, qui avait été un membre de la maison de JP Morgan et Co, des banquiers internationaux, puis ambassadeur au Mexique, et plus tard Sénateur aux États-Unis. Elle a été imprimée dans *Foreign Affairs*, un trimestriel américain de diffusion internationale, en 1927 (une année où nos prêts à des pays étrangers ont dépassé le total des emprunts de tous les États américains, comtés, cantons, districts, bourgs et villes). Cet essai est devenu tout à coup un classique du genre, évoqué en permanence par tous ceux qui voulaient une théorie ou une philosophie de ce qui se faisait. Morrow se trouvait dans un train tout en lisant un journal de Chicago, et il a compté les obligations étrangères cotées dans le tableau quotidien des émissions obligataires. Elles étaient au nombre de 128, là où dix ans auparavant, comme il l'apprit après s'être renseigné, il n'y en avait que six. Il écrivit :

« Examinant cette longue liste de 128 obligations, j'ai découvert que les gouvernements, les municipalités ou les sociétés de quelque 30 pays différents sont représentés — des pays dispersés partout dans le monde. La liste comprend les pays de notre propre hémisphère, le Canada, Cuba, le Brésil, l'Argentine, le Chili, le Pérou, la Bolivie, l'Uruguay, des pays au-delà des océans aux côtés desquels nous nous sommes battus, et des pays contre lesquels nous nous sommes battus, les gouvernements de l'Extrême-Orient, tels que le Japon et les Indes Néerlandaises ; et des villes aussi éloignées que Copenhague et Montevideo, Tokyo et Marseille.

L'examen de l'importance et de la variété des investissements de l'Amérique en obligations étrangères soulève trois questions :

Qui achète ces obligations ? Pourquoi les achète-t-on ? Que fait-on quand on les a achetées ? »

Ces questions, il entreprit d'y répondre lui-même. Se référant aux données statistiques, il conclut que plus de quatre acheteurs sur cinq étaient de petits porteurs et qu'ils les avaient achetées pour des montants variant entre 100 $ et 5000 $. Ainsi, il a déclaré : « L'investissement dans ces prêts étrangers représente les économies de toute personne qui dépense moins que ce qu'elle produit, et qui crée donc un fonds susceptible d'être confié, soit à un emprunteur domestique, soit à un emprunteur étranger... Lorsque nous parlons de la personne qui investit dans des obligations étrangères, nous ne parlons pas d'une grande institution à New York ou Chicago ou Boston. Nous parlons de milliers de gens vivant dans toutes les régions des États-Unis. Nous parlons d'enseignants, et d'officiers de l'armée, et de médecins de campagne, et de sténographes, et de réceptionnistes. »

Ensuite, vint la deuxième question. Pourquoi achète-t-on des obligations étrangères ? « Ici, écrivit-il, les statistiques sont de peu de valeur... Les considérations venant à l'esprit de la plupart des investisseurs sont d'une part, la sécurité du capital, et d'autre part la hauteur du rendement dégagé par les intérêts. Il convient de garder à l'esprit que l'investisseur est celui qui est arrivé là, sans avoir quelque chose. Il est arrivé là sans avoir ce quelque chose dont il aurait pu jouir maintenant, afin que dans l'avenir, sa famille puisse disposer d'une certaine protection, quand il ne sera plus là, ou peut-être afin qu'un fils ou une fille puisse fréquenter l'université. Cet investisseur veut être certain qu'il continuera à recevoir des revenus de l'obligation qu'il achète. Il veut que le revenu s'élève à un niveau compatible avec la sécurité. Il veut surtout recevoir le principal en retour, le jour de l'échéance de l'obligation. On ne peut affirmer toutefois, que les sentiments ne jouent aucun rôle dans nos investissements. Ils ont leur place. Beaucoup d'hommes dans ce pays ont acheté des obligations allemandes après le lancement réussi du Plan Dawes, non seulement parce que le taux d'intérêt était attrayant et que le remboursement semblait assuré, mais parce qu'ils estimaient qu'ils s'étaient ainsi associés à une belle aventure, aidant l'Europe à se remettre sur ses pieds. » Les sentiments permettaient qu'on leur accorde une relative importance, mais Monsieur Morrow estimait que la sûreté était toujours la considération principale. Et il posa la question : « Si ceci est établi, comment l'investisseur est-il censé se forger un jugement intelligent sur la sûreté de son investissement ? Si on le lui demandait, je pense qu'il placerait au tout premier plan de ses raisons d'investir, le fait qu'il avait confiance dans le banquier qui lui a proposé d'investir. Cela fait retomber une lourde responsabilité sur le banquier. »

Troisièmement, il y avait la question : Que reçoit l'acheteur d'une obligation étrangère ? Là-dessus, il poursuit : « En 1924, quarante personnes dans une ville de l'Ouest mettent 100 dollars chacune dans un bon japonais venant à échéance en 1954. Qu'est-ce que ces gens ont obtenu pour leur argent ? Ils ont obtenu une promesse. Et vous remarquez que cette promesse était l'engagement d'un groupe de personnes associées, situé de l'autre côté de la terre. En outre, pour autant que l'engagement concerne le remboursement du principal emprunté, la promesse n'arrive pas à maturité dans un délai suffisamment court pour qu'elle soit respectée individuellement par chaque membre du groupe qui la fit initialement. C'est une promesse conçue pour être tenue par les enfants d'hommes vivant aujourd'hui. Pourtant, d'une manière ou d'une autre, le banquier qui propose ce bon et l'investisseur qui achète ce bon, dépendent de la taxation que le peuple du Japon s'imposera d'ici une génération, afin de rembourser le capital de cette obligation aux enfants de la personne qui investit dans les obligations aujourd'hui. Au premier abord, c'est surprenant. C'est particulièrement surprenant à l'heure où tant de gens disent que les diverses nations de la terre ont perdu la confiance l'une en l'autre. Ici, nous trouvons donc, imprimé dans un journal du Midwest, le rapport des échanges de la journée pour 128 émissions obligataires étrangères. Des individus en Amérique prennent leur propre argent, avec son pouvoir d'achat actuel sur des biens et services, et en remettant ce pouvoir aux nations de l'autre côté de la terre, ils reçoivent en échange une promesse. On pourrait se demander : rien de plus qu'une promesse ? À quoi on pourrait répondre : rien de moins qu'une promesse... Ces nations qui empruntent en Amérique parce qu'elles ont concrètement besoin de l'argent dans un but constructif, qui sont solidaires dans leur sentiment national et qui sont conscientes de la définition et de la valeur du crédit national, ces nations qui ne s'engagent pas dans des obligations au-delà de ce qui peut être honnêtement considéré comme leur capacité à les honorer — toutes ces nations sont susceptibles de rembourser leurs dettes. Là encore, la responsabilité repose en grande partie sur le banquier d'affaire spécialisé, recommandant d'investir. Le banquier ne doit jamais être tenté, soit par le désir de profit soit par celui de renommée, de recommander un investissement dont il ne croit pas qu'il soit de bonne qualité. »

Deux ans plus tard, le cristal explosait. En l'espace de quatre ans, la perte sur les investissements américains à l'étranger était devenue incalculable.

Parmi les nouvelles émissions de bons latino-américains qui avaient été recommandées aux investisseurs par les meilleures banques de Wall Street et leurs filiales vendant des obligations — parmi elles seulement — cinquante-six émissions, soit au total une somme de huit cents millions de dollars, étaient en défaut de paiement ; et le sort que d'autres connaissaient sans être officiellement en défaut, était très incertain. En Europe, avec un moratoire général sur les dettes de guerre et les indemnisations, avec un moratoire privé conclu avec l'Allemagne, un autre avec l'Autriche, un autre avec la Hongrie, et avec les dettes de guerre et les dettes privées impliquées dans un grand tourbillon de controverse politique, la valeur de l'investissement américain, à ce moment ou dans l'absolu, était largement compromise. Les obligations du gouvernement allemand étaient vendues sur le New York Stock Exchange entre trente et soixante cents le dollar, les obligations de l'État de Prusse à vingt-cinq cents, les obligations de la Ville de Berlin à vingt cents, les obligations hongroises entre quinze et quarante cents, un grand nombre des obligations privées de l'industrie européenne se portant à peine mieux ou moins bien, et ceci représente des obligations qui avaient toutes été vendues très dignement à l'investisseur américain dans les cinq ou six années précédentes à quatre-vingt-dix, quatre-vingt-quinze, et cent pour cent.

Puis, un par un les banquiers internationaux ont comparu devant des commissions d'enquête du Sénat des États-Unis, tout en disant qu'ils pensaient que les obligations étaient de bonnes qualité, et tous pareillement, déclinant en dehors de cela la moindre responsabilité. Ils n'avaient pas garanti les obligations, ni garanti leur validité. Ils n'étaient pas responsables de la façon dont l'argent avait été dépensé, ni de celle dont il avait été gaspillé ; c'étaient les emprunteurs qui étaient responsables. Et pour ce qui est du délire des obligations étrangères dans notre pays, c'était quelque chose que les gens, c'est-à-dire les investisseurs privés, s'étaient infligé mutuellement.

Devant le Comité des Finances du Sénat des États-Unis, le chef de la deuxième banque nationale à Wall Street en importance, qui représentait également l'organisation impliquée le plus agressivement dans le monde, dans la vente des obligations, comparut et dit : « Nous sommes des marchands. En ce qui concerne les obligations en général, nous sommes des marchands. »

Un membre de l'institution bancaire internationale privée la plus puissante, déclara à la même commission : « Nous sommes des marchands. C'est ce que nous sommes, pareils à tout commerçant dans le secteur des céréales, dans le secteur du coton, ou quoi que ce soit d'autre. »

Le chef de la plus grande banque nationale à Wall Street, qui possède également une organisation de vente d'obligations très puissante, a comparu devant le Comité Sénatorial de l'Industrie de Production. Le comité auditionnait les banquiers au sujet de la mise en place d'un conseil économique national ; on a demandé ce que les banquiers avaient fait pour empêcher une prolifération sauvage de crédit américain avant l'effondrement. Ce monsieur répondit : « La spéculation était dans l'air, et les spéculateurs voulaient acheter, acheter, acheter, et les banquiers et les courtiers spécialisés dans les titres les ont servis conformément à cette demande… En d'autres termes, je ne pense pas que vous seriez en droit de considérer que les banquiers sont responsables de la grande folie spéculative qui a soufflé à travers le pays. Je pense qu'ils ont essayé de fournir ce que les clients voulaient… Je pense que le banquier est comme l'épicier. Il fournit ce que son client veut. »

Et devant ce comité ce fut, à nouveau, le directeur de la deuxième banque nationale par son importance à Wall Street, qui comparut à deux reprises à Washington, et déclara — en considération du même sujet, à savoir l'implication délirante de crédit américain dans des titres étrangers : « C'est arrivé en partie à cause de l'intérêt du public, et à cause de la fièvre et de la ferveur pour les placements et pour la spéculation, en quelque sorte. C'est arrivé comme conséquence de la demande de fonds des pays étrangers et comme conséquence de l'appétit manifeste de la part du public américain pour ce genre de participations. La communauté des banques d'affaire est devenue l'un des instruments par lesquels les exigences de chaque côté ont opéré pour satisfaire leurs besoins. »

Des épiciers, les commerçants et des instruments automatiques. Et les gens au sujet desquels Monsieur Morrow écrivait, se sont infligé cela mutuellement. Leur appétit soudain pour les obligations étrangères était si vorace que s'ils avaient lu chaque fois le prospectus du banquier, ce que peu d'entre eux ont fait, ils n'auraient sans doute pas remarqué la ligne en plus petits caractères qui figurait toujours en bas de page, et ils n'auraient pas lu ceci : « Les informations contenues dans la présente circulaire ont été obtenues en partie par voie de câble et autres sources officielles. Bien que n'étant pas garanties, nous les considérons comme correctes ».

L'exactitude de l'information n'était pas même garantie par le banquier.

Le Comité Sénatorial des Finances a appris beaucoup de choses sur le métier commercial du banquier. Il a appris comment les obligations étrangères étaient initiées à Wall Street et la façon dont elles arrivaient, à partir de là, dans les mains du porteur individuel. Comme dans le commerce en général, il y a différentes parties, dont trois au moins et parfois quatre, correspondent respectivement aux classifications de fabricant, intermédiaire, grossiste, détaillant.

Il y a d'abord la banque, qui publie et réalise l'émission obligataire. Soit un emprunteur, pouvant être par exemple, un gouvernement étranger. La banque s'engage à acheter du gouvernement étranger tant de bons d'un certain type à 90, et de régler par exemple leur paiement le dixième jour, suivant l'offre publique. Cette banque initiale appelle ensuite un groupe d'intermédiaires constitué de deux ou trois banques de son propre rang et leur dit : « Voici une bonne affaire. Nous allons partager avec vous à 90 ½. » Donc le groupe d'intermédiaire souscrit l'emprunt obligataire à 90 ½, ce qui est le première palier. Ces agents forment alors un grand syndicat de grossistes, qui va vendre les obligations à 92. C'est le deuxième palier. Les grossistes connaissent le commerce de détail. C'est là leur affaire. Chaque grossiste possède un carnet d'adresses pour tout le pays, reprenant des courtiers de vente au détail d'obligations, un carnet avec des indications sur le nombre de bons d'un certain type qu'il peut s'attendre à voir vendre par chacun des détaillants, aux banques dans son quartier et aux investisseurs individuels dans sa communauté.

Le grossiste offre au commerce de détail, par lettre, par téléphone et télégraphe, cette nouvelle obligation à 94, ce qui est le troisième degré, et les détaillants les vendent au public à 96 ½, de sorte que le bénéfice du détaillant sera de 2 ½ pour cent, ce qui est le dernier palier.

Lorsque toutes ces dispositions sont prises, le groupe d'agents intermédiaires fait la promotion des bons dans les journaux, et en même temps établit sur le marché non règlementé ou au travers des guichets de banque, une cotation publique qui est une fraction au-dessus du prix de détail, disons 96 ⅝. C'est l'offre publique. L'institution initiale fournit les bons pour les intermédiaires, qui les livrent aux grossistes, qui les dispersent largement au commerce de détail, et ce jour-là, des milliers de vendeurs obligataires commencent à solliciter les présidents de banque dans les petites villes et tout le peuple auquel Monsieur Morrow s'est référé, pour qu'ils achètent des obligations. Tandis que les obligations sont vendues, l'argent commence à être transféré depuis de nombreuses sources locales vers Wall Street. Dix jours après l'offre publique, les grossistes règlent leurs comptes avec les agents intermédiaires, les agents règlent leurs comptes avec l'institution initiale, et le gouvernement étranger obtient son argent. Il y a des variations dans les paliers de prix, et si l'émission d'obligations est réduite et juteuse, les intermédiaires peuvent accéder directement au commerce de détail ou les grossistes eux-mêmes peuvent exercer la fonction d'agent intermédiaire, de sorte qu'il peut y avoir trois paliers uniquement, au lieu de quatre ; mais compte tenu de ces légères modifications, le procédé tel qu'il est décrit est standard.

Le seul risque que le banquier de Wall Street prend, voyez-vous, est dans l'appréciation de l'appétit du public. Si son appréciation est bonne, les obligations sont vendues et payées avant que le gouvernement étranger obtienne l'argent. L'avantage de ce résultat explique la rapidité et la tension élevée avec laquelle toute la machinerie fonctionne.

Tout cela, le comité pouvait le comprendre. Étant donné le point de vue du banquier international, qu'il est tel un épicier, confronté à la demande incontrôlable exprimée par le public américain pour sa marchandise, il pouvait comprendre pourquoi les représentants des établissements bancaires de Wall Street agissaient frénétiquement, s'affairaient çà et là dans le monde, forçant la main des gouvernements étrangers à prendre le crédit américain, forçant celle des villes étrangères, des sociétés étrangères, les priant d'émettre des obligations capables de satisfaire l'appétit américain ; il pouvait comprendre pourquoi à un moment donné, vingt-neuf de ces représentants étaient tous allés solliciter d'un petit pays latino-américain qu'il fasse une émission obligataire à Wall Street ; même la raison pour laquelle les banquiers américains payaient des commissions considérables, vulgairement appelées pots-de-vin, à des individus influents dans les pays étrangers, qui pourraient les conduire à une nouvelle émission obligataire. Il a enregistré avec satisfaction la reconnaissance d'une erreur de procédé, de la part du directeur d'une institution bancaire privée qui disait : « Oui, cependant il est également vrai que cela se passait non seulement en Amérique latine, mais dans le monde entier, avec des gouvernements, des municipalités, et des groupes industriels. En d'autres termes, l'accumulation du capital en Amérique recherchait des débouchés. Les banquiers ont été les instruments de ces débouchés. Ils étaient les pourvoyeurs de capitaux. Les banquiers ont rivalisé d'efficacité à un degré qui était rétrospectivement tout à fait erroné. Je ne veux pas dire moralement. »

Et pourtant, toute la simplicité des éclairages qui étaient susceptibles d'être dirigés sur ces points, semblait les amener de plus en plus à se faire mutuellement de l'ombre. Le comité s'est trouvé très mal à l'aise à ce sujet. Étant donné toujours cette demande enivrée de l'investisseur américain, qui obligeait le banquier d'affaires à parcourir le monde en quête d'emprunteurs étrangers, pourquoi était-il encore nécessaire pour les banquiers, dans ce cas, de recourir aux méthodes de commercialisation intensives de production, destinées à écouler ces produits ? On pourrait présumer que ceux-ci se seraient vendus d'eux-mêmes, encore plus vite qu'ils ne pouvaient être fabriqués. Pourquoi les obligations étrangères étaient-elles donc annoncées à grand frais ?

Pourquoi leur vente a-t-elle encore été forcée, jusque dans la main de l'investisseur, par des procédés coûteux, des organisations de vente directe, du porte-à-porte, même dans certains cas, par campagne de propagande tapageuse à la radio ? Les questions abordant ce point semblaient toujours embarrasser les banquiers entendus comme témoins. La réponse la moins vague en tout cas, donnée au comité du Sénat, fut celle faite par le chef de l'organisation bancaire principale de Wall Street. Il avait dit : « Oui, les techniques de vente et de publicité facilitent l'entreprise sans aucun doute, mais vous devez vous rappeler que le banquier ne peut pas tirer de profit de sa publicité et de son art de vendre, à moins que le marché soit là pour pouvoir vendre, et à moins que le public soit là pour acheter. »

Un point était bien trop clair. Il n'y avait pas de règlementation américaine. Depuis le début et jusqu'à la fin, à l'exclusion des
prêts accordés par le gouvernement des États-Unis à ses associés
de guerre européens, le crédit privé américain pour une somme
incroyable d'à peu près quinze milliards de dollars au total, a été
octroyé dans les pays étrangers — sans aucune règlementation.

Si le Département d'État a touché aux prêts étrangers, c'était
d'un doigt hésitant. Une fois seulement le gouvernement s'est
montré ouvertement positif, et c'est ainsi que la relation entre le
Département d'État et les prêts étrangers a été engagée. Lorsque
le Trésor Public des États-Unis a cessé d'accorder des prêts post-
armistice directement aux pays européens, ceux-ci se tournèrent
tous vers Wall Street et ils commencèrent à emprunter très massivement des crédits privés, tandis qu'en même temps, ils refusaient d'aller au Trésor des États-Unis, pour convertir en bons à
long terme le financement de leur billets à ordre émis en période
de guerre, ce qui aurait été conforme à l'engagements de leurs
contrats d'emprunt de guerre. De sorte que le gouvernement a
déclaré qu'il désapprouverait les prêts privés américains en faveur
de pays étrangers qui n'étaient pas disposés à honorer leurs obligations envers le Trésor Public des États-Unis. Le gouvernement
ne pouvait pas interdire leurs emprunts à Wall Street, il ne pouvait qu'exprimer sa désapprobation. Mais c'était suffisant. Tous
les pays débiteurs sont alors apparus, et ils ont fait la régularisa-
tion officielle de leurs dettes de guerre au Trésor qu'ils s'étaient
engagés à faire.

De là vient cette pratique, qui se poursuit encore, de faire rapport sur un emprunt de l'étranger au Département d'État avant
qu'il ne soit proposé au public, pour savoir si le gouvernement a
une quelconque objection politique à son émission. S'il n'y en a
pas, le Département d'État confirme, et l'émission obligataire est
engagée ; toutefois ce que le département d'État exprime est uniquement d'ordre négatif, et confidentiel. Lorsque le département
d'État confirme qu'il n'existe aucune objection politique à un
prêt étranger, il ne fait pas acte d'approbation du prêt, et n'assume aucune responsabilité morale, quelle qu'elle soit. Les banquiers le comprennent. Néanmoins, comme l'information a été
généralement répandue que toutes les obligations étrangères

avaient d'abord été soumises au Département d'État, l'idée a grandi dans la conscience populaire qu'elles avaient été soumises à l'évaluation du Département d'État, ce qui n'a jamais été le cas.

De manière informelle, le gouvernement a effectivement fait objection à ce que Wall Street accorde un prêt pour le monopole franco-allemand de la potasse. Les raisons étaient évidentes à tous, sauf aux banquiers. Avant la guerre, il avait constitué un monopole prussien. Le monde entier était dépendant de l'Allemagne pour un engrais indispensable aux végétaux, un fait qui est entré au plus profond des calculs militaires allemands sur la façon dont ils devaient gouverner le monde après la victoire allemande. Mais après la guerre, la France possédait les lits de potasse d'Alsace, suite à la cession de l'Alsace-Lorraine, après quoi les Français et les Allemands ont accepté de gérer la potasse comme un monopole commun et ont divisé entre eux les marchés du monde. Au cours de la guerre le prix de la potasse est passé de 40 dollars à 400 dollars la tonne dans notre pays, parce que nous étions coupés du ravitaillement allemand et que notre sol souffrait gravement de cette pénurie. Seulement dix ans plus tard et avec la science chimique américaine peinant à développer les productions américaines de potasse en tant que ressources nationales vitales, Wall Street, sans tenir compte de l'objection du gouvernement, aurait accordé 25 millions de dollars en crédits américains pour renforcer le monopole franco-allemand.

L'énorme emprunt allemand à Wall Street, succédant au prêt du plan Dawes, était une source d'inquiétude constante pour le gouvernement, comme ce l'était pour tous les observateurs dont les motifs étaient désintéressés et dont l'esprit n'avait pas été saisi par l'illusion. Il y avait le danger, tout d'abord, que si les dettes privées extérieures de l'Allemagne s'accroissaient davantage, elles entreraient en conflit avec ses dettes de réparation envers la France, la Grande-Bretagne, la Belgique et d'autres, comme cela s'est passé finalement, et le danger, en outre, qu'un emprunt d'un montant à ce point extravagant, mènerait la structure financière de toute l'Allemagne à l'insolvabilité, comme cela s'est passé. Pourtant apparemment, il n'y avait rien qui pouvait l'arrêter.

S. Parker Gilbert, l'Agent Général Américain responsable des payements en réparation, en vertu du plan Dawes, a adressé une protestation publique au gouvernement allemand, qu'il a conclu en disant : « J'ai essayé de réunir, dans les pages qui précèdent, les preuves qui s'accumulent au sujet des dépenses excessives et du surendettement des pouvoirs publics allemands, et de quelques signes de la stimulation et de l'expansion artificielle excessive qui se manifestent déjà. Ces tendances, si on les laisse se poursuivre librement, amèneront presque certainement, d'une part, une réaction économique grave et la dépression. Elles sont susceptibles, d'autre part, d'encourager l'impression que l'Allemagne agit sans tenir compte de ses obligations d'indemnisation ».

Cela ne faisait aucune différence. Wall Street a ignoré l'avertissement. Encore une fois, écrivant depuis Paris aux banquiers américains, le 3 Novembre 1926, M. Gilbert a déclaré : « Je suis constamment étonné de l'imprudence des banquiers américains à offrir au public des valeurs mobilières de l'État allemand sur la base de la vision purement allemande de l'article 248 du traité de Versailles. Il est aisé, bien sûr, d'avoir accès à des lettres des autorités financières de l'État allemand énonçant le point de vue allemand, et je peux facilement comprendre le désir des autorités allemandes de signer des lettres indiquant le point de vue allemand, mais il me semble cependant difficile de justifier l'action des banquiers américains offrant des titres au public sur la base de ces lettres, sans donner la moindre indication que le point de vue allemand n'est pas soutenu par les gouvernements alliés et qu'en fait, le point de vue des Alliés se trouve même à l'opposé. »

Sir William Leese, de la Banque d'Angleterre, a été dans le sens de M. Gilbert en analysant des annonces qui sont faites pour les investisseurs américains, en ce qui concerne deux prêts allemands importants, et a énoncé la conclusion suivante : « Sur ce point de vue des Alliés, les deux prospectus sont à mon avis faux en substance et trompeurs. » L'un pour la ville de Hambourg et l'autre pour l'État de Prusse.

Et cela ne fit aucune différence. Le Département d'État, bien que ne s'opposant à aucun prêt allemand particulier, a adressé une lettre aux instituts d'émission de Wall Street, en disant : « ... Il ne peut être affirmé en ce moment que des complications graves en rapport avec les intérêts et l'amortissement des paiements des emprunteurs allemands ne pourront pas résulter d'actions futures

éventuelles entreprises par l'agent général et le comité de trans-
fert ... Un autre point que le ministère estime devoir être pris en
compte ... est la disposition de l'article 248 du Traité de Versailles, selon lequel « une priorité sur tous les biens et revenus de
l'Empire allemand et de ses États constituants » est créée en faveur des paiements d'indemnisation et d'autres traités... Ces
risques, qui concernent évidemment le public investisseur, devraient, selon le ministère public, faire l'objet de votre clarifica-
tion avant toute action. S'ils ne peuvent pas être définitivement
écartés, le ministère estime que vous devriez étudier dans quelle
mesure vous n'avez pas le devoir envers vos clients potentiels de
les informer pleinement de la situation. »

Mais tant que le gouvernement ne s'y était pas opposé réso-
lument, Wall Street a poursuivi les émissions obligataires allemandes, de plus en plus rapidement — les obligations des États
allemands, des villes allemandes, des régions allemandes, de
l'industrie allemande, de l'agriculture allemande, des ports allemands, de tout ce qui était allemand. En outre, elle a gardé des
centaines de mandataires en Allemagne sollicitant toutes ces
sources en vue de vendre des obligations au public américain.

Dans une grande partie de nos prêts à l'Europe, particulièrement en ce qui concerne l'Allemagne, il y avait une notion
d'élégance. Le Crédit américain était le riche prodigue revenant
en grande pompe d'un pays lointain, pour éblouir et rendre grâce
à l'ancêtre indigent. Et que ce soit partiellement la sentimentalité
découverte par M. Morrow chez ses petits porteurs, qui s'était
hissée jusqu'à la pensée de Wall Street, ou que Wall Street elle-
même avait besoin de justifications émotionnelles et qu'elle les
avait acquises naturellement, le fait est que les banquiers eux-
mêmes devinrent particulièrement sentimentaux au sujet de
l'Allemagne. Il est vrai qu'évoquer l'effet des paiements comme
indemnisations, sur la nouvelle dette allemande qu'ils créaient ici,
aurait pu les inciter réellement à adopter le point de vue allemand
bien connu au sujet des indemnisations ; mais ils sont allés beaucoup plus loin et ont examiné l'effet des indemnisations sur les
cœurs et les esprits des Allemands nés après la guerre, et sur ceux
des Allemands encore à naître.

C'est ce qui a été révélé au Comité Sénatorial des Finances par l'un de ses témoins banquier les plus éminents, qui a dit : « Nous avons ici en Allemagne des jeunes gens entrant dans les universités d'Allemagne, qui n'étaient pas nés quand la grande guerre a commencé. Ces jeunes gens voient que non seulement ils doivent payer, mais que leur progéniture et la progéniture de leur progéniture, doivent payer et continuer pour des générations à payer une dette dont ils ne sont, en tant qu'individus, pas responsables. Ils sentent qu'ils sont sous un joug pesant et mon impression est qu'il y a, de ce fait, une rébellion croissante contre le remboursement de la dette. »

Le sénateur Reed a posé cette question surprenante : « Pourquoi la progéniture d'Américains qui n'avait rien à voir avec la guerre, la progéniture d'Américains qui n'était pas encore en vie, devrait-elle payer cette dette de guerre, quand les descendants des personnes qui l'ont déclenchée s'en tireraient sans payer ? »

Le banquier a répondu : « Je vous accorde que cette considération ne constitue pas un argument en elle-même. »

Si vous aviez demandé, n'importe quand, à un banquier international, de dire si oui ou non il y avait une politique américaine qui régissait les prêts étrangers, il aurait dit oui, et si vous aviez demandé laquelle c'était, il aurait dit : « De plus en plus, notre prospérité dépend et sera dépendante du commerce extérieur. Des prêts américains accordés à l'étranger représentent un investissement dans le commerce extérieur. »

Ceci n'est pas une politique. C'est uniquement une idée largement erronée en tant que telle. Ici, nous n'avons pas de règlement national, comme en France, qui exige des avantages politiques et économiques en échange du crédit accordé dans d'autres pays, et il n'existe pas non plus ici, comme c'est le cas en Angleterre, de pratique organisée qui lie des prêts étrangers à des contrats étrangers. Le Crédit américain est accordé sur la vague présomption que le commerce finira bien par suivre. Les emprunteurs, après avoir obtenu le crédit, peuvent en faire ce que bon leur semble.

En outre, en admettant que nos prêts aux étrangers puissent augmenter les exportations américaines, qui est-ce qui se soucie à l'avance des conditions auxquelles le paiement devrait être fait ?

Supposons que le débiteur propose d'effectuer le paiement en biens concurrentiels que nous ne voulons pas et qu'il dise qu'il ne peut payer d'aucune autre façon. Cela se passe actuellement. C'est ce qui se passe nécessairement lorsque nous octroyons le crédit américain à des pays étranger pour accroître leur production de biens concurrentiels, et le problème est alors de savoir comment nous allons recevoir le moindre paiement, si nous maintenons des accises douanières comme barrière contre les biens exportables de nos débiteurs.

Mais même cette idée d'acheter un commerce extérieur avec le crédit américain en créant des échappatoires à l'excédent américain, n'a pas été systématiquement poursuivie. Prenez quelques cas typiques.

Avec l'emprunt du gouvernement américain destiné à l'octroi d'un crédit pour la construction navale à des taux d'intérêt réduits, de manière à favoriser une marine marchande américaine, le crédit américain est prêté pour de sommes importantes à des entreprises allemandes de transport ; ils l'utilisent pour construire des navires allemands dans les chantiers navals allemands, avec une main d'œuvre allemande et des matériaux allemands, pour rivaliser avec les navires américains.

Avec la science chimique américaine ayant à peine en vue son objectif, qui est de rendre ce pays indépendant de la chimie de synthèse de l'Allemagne, le crédit américain est prêté à la Société Fiduciaire Allemande de Teinture, de sorte que ses pouvoirs offensifs, dans le commerce ou en guerre, sont renforcés.

S'il ne s'agit pas ici de cas, dans lesquels on ne pouvait en aucun cas, se permettre d'accorder le crédit américain, où se trouvait néanmoins le bénéfice pour notre commerce extérieur ? Prêter des sommes très importantes de crédit américain à la fiduciaire anglo-chiliennne de nitrate ne permet pas d'augmenter le volume des exportations américaines, ni ne raccourcit le délai dans lequel nous pouvons espérer de la chimie de synthèse qu'elle nous libère de la dépendance des sources étrangères d'engrais azotés et des composants chimiques essentiels du nitrate ; on peut dire la même chose des prêts de crédit américain accordés aux sociétés allemandes et italiennes en vue de la construction d'usines de fixation d'azote. Prêter quarante millions de dollars de crédits américains à une société pétrolière étrangère, pour le forage et l'exploration, peut difficilement être appelé un investissement dans notre propre commerce extérieur ; il en va de même pour un prêt de cent cinquante millions de dollars de crédits américains accordé aux Indes néerlandaises pour financer le remboursement de sa dette en circulation. Il serait difficile d'expliquer comment le fait d'accorder d'importantes sommes de crédits américains à la fabuleuse fiduciaire des Allumettes Suédoises, qui à son tour a accordé des prêts aux gouvernements européens en échange de concessions commerciales monopolistes, a favorisé la vente de produits américains dans le commerce extérieur. Assurément, un prêt américain à une république latino-américaine servant à rembourser une dette qu'elle devait en Europe pour son achat d'armement, n'avait aucun impact bénéfique pour le commerce extérieur américain. C'est comme s'imaginer un quelconque avantage pour le commerce américain à l'exportation, résultant d'un prêt de vingt millions à une banque allemande dans le but spécifique, comme indiqué par les banquiers, « de financer les entreprises exportatrices allemandes ».

Voyez la contradiction de prêter des sommes très importantes de crédits américains en vue de l'extension, l'amélioration et le financement de l'agriculture de l'Europe, en utilisant les crédits d'emprunt du gouvernement américain pour soutenir le prix du blé américain quand la demande européenne de céréales américaines avait diminué. On peut appeler cela de la délicatesse ou cela peut être cynique, selon des points de vue opposés, mais on n'y trouverait certainement guère de politique. Si pour une raison quelconque nous avions voulu apporter nos crédits pour développer l'agriculture européenne, nous aurions dû fournir en même temps les crédits et l'ingénierie économique pour réduire l'agriculture américaine proportionnellement, sans désastre pour l'agriculteur.

Des prêts à l'Europe, en particulier à l'Allemagne, en vue de rationaliser l'industrie et d'introduire des méthodes américaines de production de masse, ne pourraient bénéficier à l'industrie américaine dans le secteur du commerce extérieur que si vous faites valoir que ce dont l'industrie américaine avait besoin pour son propre bien était davantage de concurrence.

Mais de toutes les façons dont le prêt de crédits américaines en Europe n'a pas augmenté le commerce d'exportation américain, la plus extraordinaire consistait à octroyer à nos débiteurs des crédits pour effectuer le remboursement de leur dette à notre égard. Des prêts américains en Allemagne ont permis à l'Allemagne de payer les indemnisations aux Alliés ; les paiements de réparation de l'Allemagne ont permis aux Alliés de payer des intérêts sur leurs dettes de guerre au Trésor américain, presque sans mettre la main à leur propre poche. Nous nous sommes payés nous-mêmes. Pendant longtemps, cette simple construction a été démentie et occultée dans les confusions complexes de la finance. Le Comité Sénatorial des Finances a continué de demander à ses banquiers témoins d'en prendre acte. Une des meilleures répliques fut donnée par Otto H. Kahn, qui répondit :

« Il ne fait aucun doute que si l'Allemagne n'avait pas été en mesure d'emprunter de l'argent, elle aurait été incapable, depuis longtemps déjà, de faire des payements à titre d'indemnisation, et par conséquent, dans cette mesure, il s'agit dans l'ensemble d'une déclaration correcte de dire que c'est avec l'argent que l'Allemagne a emprunté qu'elle a payé les indemnisations. »

Puis enfin le gouvernement allemand lui-même, afin de prouver l'incapacité de payer de l'Allemagne, a publiquement déclaré que les indemnisations avaient été payées uniquement en empruntant et que si l'Allemagne ne pouvait pas continuer à emprunter, elle ne pouvait pas continuer de payer.

Que la dette ne doive jamais être remboursée, qu'elle puisse être indéfiniment reportée, qu'un pays créancier puisse se rembourser lui-même en augmentant progressivement les dettes de ses débiteurs, telle était la logique de cette illusion de crédit.

Depuis John Law et sa bulle du Mississippi, les individus sont continuellement réapparus avec le même concept sous de nouveaux déguisements. Le principe est très simple. Vous n'avez qu'à trouver un moyen de multiplier vos créanciers par le cube et de les payer par le carré, avec leur propre argent. Puis pendant un moment vous êtes un Nabab. Un poisson découpé comme appât, en rapporte trois. Deux d'entre eux découpés comme appât, en rapportent huit, le cube de deux. Quatre d'entre eux découpées pour appât, en rapportent soixante-quatre, le cube de quatre. Seize poissons comme appâts en rapportent 4.096 et 256, ce qui représente le carré de seize en rapporteront 16.777.216, ce qui est le cube de 256.

La faiblesse fatale du concept est que vous ne pouvez pas arrêter. Lorsque de nouveaux créanciers ne sont pas amenés à se présenter plus rapidement que les anciens créanciers demandent à être payés, la bulle éclate. Ensuite, vous allez en prison, comme Ponzi, ou vous suicidez, comme Ivar Kreuger.

Il n'y a rien de nouveau dans le système. Ce qui est nouveau, c'est que pour la première fois le monde entier s'y est essayé. Le monde entier ne peut pas se mettre en prison, il ne peut pas davantage fuir les conséquences de ses actes en se suicidant.

Lorsque le délire prend fin, les gens tous ensemble, d'un seul élan, retiennent leur argent, les banques toutes ensemble, d'un seul élan, retiennent les crédits, et la dette redevient dette, comme c'est toujours resté le cas. Le crédit est détruit. Soudain, il n'y a plus assez pour les tâches quotidiennes. Pourtant, seulement peu de temps auparavant nous avions dit et pensé qu'il y avait un grand excédent de crédits américains, et la seule chose que nous pouvions faire avec ceux-ci était de les exporter. Comme cela paraît absurde dans l'écho. C'était absurde à l'époque.

Notre problème était bel et bien, il le reste bel et bien, il le sera pour longtemps, de savoir comment trouver suffisamment de crédits pour effectuer les tâches qui nous attendent, rien que celles qui sont en vue. Nous voyons déjà que nous allons devoir opérer une refonte complète de la machinerie de transport, dans laquelle il faut faire face à la fois, à une perte terrible de capitaux anciens et à la nécessité de fournir à la place de ceux-ci les sommes énormes de nouveau capital. Nous savons déjà que nous aurons à mettre en relation et organiser de façon rationnelle nos sources d'énergie en mettant les trois hydrocarbures, charbon, gaz et pétrole, dans quelques fonds immenses, où ils peuvent être convertis de manière interchangeable sous des formes idéales pour les besoins variés de la vie, de l'industrie et du commerce, et depuis lesquels ils pourront être distribués, sans gaspillage, de plus en plus efficacement, jusqu'à ce que le carburant, la chaleur, la lumière et la puissance soient devenus aussi bon marché que l'eau. Nous avons nos villes à repenser, pas pour accommoder leur avenir, mais seulement pour tenir compte des changements qui ont déjà eu lieu dans les structures et les conditions de la vie américaine. Il n'y a pas de région suburbaine, mais elle doit être récupérée de l'anarchie de la croissance et faire l'objet d'une refonte dans un plan régional par une œuvre colossale d'ingénierie.

Les nouveaux matériaux et méthodes découverts presque chaque jour par la science créent l'obsolescence à un rythme jamais imaginé. Malgré que les progrès physiques apparaissant partout, le fait est que contrairement à l'état actuel des connaissances scientifiques et techniques et à la puissance que nous possédons, le pays est plus en retard par rapport à ce qu'il l'était une génération plus tôt ; il a beaucoup plus à dépasser. De nombreux plans sont déjà esquissés et menacent d'être rayés, faute de crédits.

CHAPITRE II
ANATOMIE DE LA BULLE

Qui peut donc bien fournir tout cela ? Allez le chercher et vous aurez une fois de plus devant vous l'Homme Oublié... l'Homme Oublié a disparu au loin, en accordant son soutien à sa famille dans une patiente activité industrieuse, payant ses impôts, exprimant son vote, accordant son soutien à l'église et l'école, lisant son journal, et encourageant le politicien qui recueille son admiration, mais il est le seul en faveur duquel rien n'est prévu dans la grande bousculade et dans le grand partage.

William Graham Sumner

Le commandement sur la main d'œuvre et sur les matériaux a édifié des pyramides. Le monde économique était alors d'une grande simplicité. L'usure privée existait bien sûr, mais il n'y avait pas de système bancaire, pas de science du crédit, pas d'émission de titres sur les pyramides susceptibles d'inquiéter les investisseurs. Il y avait simplement le caprice pharaonique, son idée d'une pyramide, son pouvoir de mouvoir la main-d'œuvre, et la réalité d'un surplus de nourriture suffisant pour soutenir ceux qui furent détournés de l'agriculture pour être affectés à la maçonnerie monumentale.

Rien que pour la construction de Chéops, on pense que 100.000 hommes ont été affectés durant vingt ans. Et quand ce fut terminé, tout ce que l'Égypte pouvait montrer pour l'équivalent de 600.000.000 jours de travail humain était un capital immobilisé. Cette somme de travail aurait pu relever la qualité de vie ordinaire en Égypte à un niveau bien meilleur, en plus de pouvoir assurer une compétitivité relative plus importante à la domination de la civilisation égyptienne, si elle avait été consacrée différemment et utilement comme, par exemple, à l'habitat et au mortier d'habitation, à des travaux d'utilité générale, à des systèmes de défense nationale. Mais une fois qu'elle avait été

consacrée à une pyramide sensée immortaliser la gloire pharaonique, cette somme fut gâchée pour toujours. Les gens ne pouvaient pas consommer ce que leur propre travail avait produit.
C'est-à-dire qu'ils ne pouvaient pas manger de pyramide, ne pouvaient pas s'en revêtir, ne pouvaient pas y habiter, ni l'utiliser
d'une quelconque manière. Même comme Pharaon, il était impossible de la vendre, de la louer ou de la liquider.

L'histoire ne dit pas ce qu'il est advenu des 100.000 ouvriers
lorsque Chéops fut terminée. Se retrouvèrent-ils au chômage ?
Sont-ils été retournés à l'agriculture d'où ils venaient ? Si c'est le
cas, ce serait comme de renvoyer soudain au travail de la ferme,
quatre ou cinq millions de personnes occupés dans l'industrie,
dans notre pays.

On peut assumer en tout cas, que lorsque Chéops fut terminée, il s'est produit en Égypte ce que nous pourrions appeler une
crise économique, sans les statistiques effrayantes, sans les indices qui s'effondrent dans les quotidiens, sans la panique boursière, sans aucune faillite bancaire, mais avec le chômage, les
troubles sociaux désordonnés, peut-être des queues égyptiennes
pour le pain. Et cette crise, comme toutes les crises, jusqu'à la
dernière, a été absorbée par des gens qui ne pouvaient pas consommer ce qu'ils avaient produit, des gens dont le travail avait
été dévoré par un tas de pierres, et qui ne l'ont comprise qu'en
partie, voire pas du tout. Les gens oubliés.

Cette histoire de pyramide contient la vérité persistante d'une
parabole. Malgré tous les mondes qui ont défilé depuis que la
civilisation égyptienne a disparu, malgré toutes les nouvelles merveilles de formes, de méthodes et de puissance qui semblent
rendre le nôtre si original, ce qui est arrivé aux populations ou-
bliées d'Égypte arrive cependant encore dans notre système. Cela
arrive à l'homme oublié sorti de l'essai classique de William G.
Sumner, et cela arrive pour les mêmes raisons.

Ici, il n'y a aucun Pharaon solitaire doué du pouvoir de déplacer la main-d'œuvre par sa simple parole. Dans notre monde le
travail est libre, il reçoit un salaire. Pourtant, il faut bien voir que
chez nous la passion pour le prestige individuel et collectif grâce
au commandement sur le travail et sur les matériaux est ce qu'elle
a toujours été, et voir que les conséquences d'une telle ambition

poussée à l'extrême, égoïstement et en dépit de l'économie, sont pareilles à ce qu'elles doivent toujours être et pareilles à ce qu'elles furent anciennement.

En lieu et place d'un Pharaon portant la responsabilité, nous avons une multitude de pharaons irresponsables ; et en plus de ceux-ci nous avons la passion pharaonique à l'œuvre dans les gouvernements petits et grands, dans les États et les villes, dans les grandes organisations publiques et privées, tous à la recherche de leur propre exagération et tous par leur propres moyens. La raison peut être l'âpreté au gain, elle peut être bonne ou mauvaise, elle peut être issue d'un sentiment de rivalité entre les nations ou d'une idée du bonheur public. Pour ce qui est des conséquences économiques, aussi étrange que ce soit, cette raison ne compte pas. Une pyramide reste une pyramide. Pourvu qu'un excès de travail soit consacré à des pyramides, ou à des choses qui sont improductives et mortes, au sens économique où le sont les pyramides, il y aura une crise du bien-être quotidien, et le labeur volontaire dans ce cas sera aussi impuissant que le labeur des esclaves l'était jadis. Il ne peut pas consommer ce qu'il a produit ; il est privé de toutes ces satisfactions humaines qui pourraient avoir été produites avec le même labeur à la place de la pyramide, et il en est privé pour toujours. Le labeur qui est perdu ne peut être récupéré par démontage de la pyramide.

Mais dans ce monde où le labeur est libre et où personne n'a la puissance manifeste de le mettre en œuvre au-delà de sa propre initiative, comment celui-ci est-il donc mis en œuvre ou amené à se perdre en excès sur les travaux de prestige publics et privés ? Comment donc construisons-nous maintenant des pyramides ? Il existe une nouvelle manière. C'est une manière que les anciens, les Pharaons, ignorant la science de la banque, ne pouvaient pas imaginer. Le nom de celle-ci est le crédit. Dans notre monde, un monde de l'économie monétaire, le commandement du crédit est le commandement du travail et des matériaux. Il peut y avoir des interférences complexes, l'évidence peut être obscurcie, mais dans tous les cas c'est à cela que l'on en revient finalement ; et, de fait, les gens ne connaissent aucune autre application du crédit.

Emprunter et prêter sont des notions aussi vieilles que le sens du mien et du tien ; par conséquent, il en est ainsi du crédit en termes simples. Mais le crédit moderne que nous connaissons, ou croyons connaître, est un pouvoir nouveau et étonnant, encore en gestation, encore sauvage. Les hommes ont été bien plus soucieux de libérer la puissance de crédit, de l'utiliser et de l'exploiter, que de la contrôler ou même de la comprendre. Ce ne serait que bien humain. Comme autrefois il n'y avait pas de prestige privé ou publique, sans le commandement pharaonique sur la main-d'œuvre et des matériaux ; maintenant il n'y en a pas sans le commandement sur le crédit.

Cela vaut pour l'ambition de brillance dans tous les ordres de grandeur. L'ampleur même de la vie humaine sur la terre aujourd'hui est due à la puissance du crédit. L'ensemble de nos phénomènes industriels est fondé sur elle. C'est par le biais du crédit que la machine industrielle est créée pour commencer ; grâce au crédit les hommes sont affectés à la machine, elle est mise en marche et alimentée en matières premières. Par le biais du crédit le produit de la machine est distribué. Par le biais du crédit ce produit est consommé de plus en plus, comme lorsque le crédit est affecté localement au paiement de traites ou prêté hors frontières pour le client étranger. Ainsi, la puissance du crédit est utilisée de façon dynamique dans l'ambition de grandeur du commerce, au sein duquel de nombreux dangers restent encore à explorer, tels que ceux de l'inflation et de la déflation incontrôlée, suivis par la crise soudaine. Pour la cupidité des individus et des groupes, pour les extravagances de l'ego patriotique, pour l'ambition des nations, pour des idées de création tout comme pour celles de destruction aussi, pour de grands objectifs sociaux et pour de grandes illusions en même temps, même pour la guerre — pour tout ceci, c'est le crédit qui constitue le moteur fabuleux. Et puis, en outre, quelle que soit la motivation, il construit des pyramides, ce qui constitue précisément le thème et ce qui nous préoccupe.

C'est la seule chose que le crédit est censé ne pas faire. Les principes de modération sont les intérêts et l'amortissement. Amortir une dette consiste à la racheter, à l'éteindre définitivement, ou littéralement la mettre à mort. La dette n'a pas été mentionnée. La plupart des extravagances auxquelles nous nous livrons avec la puissance du crédit proviennent   de cet oubli que la dette est l'autre face du crédit. Il n'existe pas d'autre crédit qu'associé à une dette exactement équivalente. C'est-à-dire que quand, au moyen du crédit, vous commandez du travail et des matériaux, vous les empruntez et devenez un débiteur. Comme débiteur, vous devez payer des intérêts, tant par an, sur ce que vous avez emprunté, et un peu plus tard rembourser le capital, ce qui met la dette à mort. Nous supposons souvent que l'intérêt et l'amortissement ne concernent respectivement que l'emprunteur et le prêteur. Celui qui prête de l'argent exigera quelque chose pour l'usage de celui-ci pendant que lui-même s'en prive, et la garantie du remboursement après un certain temps. C'est exact ; mais ce n'est pas tout.

Du point de vue de l'organisme social au total, les intérêts et l'amortissement ont une sorte de signification fonctionnelle. Ils sont les deux seuls contrôles que nous avons sur la passion universelle à abuser du pouvoir de crédit, ou de perdre de façon téméraire et non rentable du travail qui est mis en œuvre par voie de crédit.

On s'attend à s'entendre dire de l'emprunteur : « Cette chose que je propose de créer avec le crédit sera féconde à son tour. Je veux dire qu'elle sera productive et amènera une expansion. En prélevant sur l'expansion je vais payer des intérêts pour l'utilisation du crédit ; en prélevant sur l'expansion, je vais éteindre la dette. Le reste, je vais garder pour moi-même en tant que le bénéfice. »

Il peut dire cela en parlant d'une usine d'acier, d'une usine de textile, d'une compagnie de chemin de fer, d'une usine d'énergie électrique, de mille et une choses auxquelles vous n'auriez pas songé ; il ne peut pas dire cela d'une pyramide.

Justement, par conséquent, la fonction de l'intérêt et de l'amortissement, au-delà de toute préoccupation privée de l'emprunteur ou du prêteur, est de restreindre la construction des pyramides. Toutefois, le sentiment que le monde moderne est magnifique avec des pyramides persistera. Alors que ce Pharaon en érigeait une par le commandement tyrannique du travail et des matériaux, le crédit en construit maintenant des milliers. On ne peut pas les trouver sous la forme exacte de celle du Pharaon. Les nôtres sont en formes de variété infinie, beaucoup d'entre elles apparentes, d'autres pas si visibles, car elles offrent une apparence spécieuse d'utilité, et certaines invisibles. Le genre invisible est de toutes les sortes le plus vorace.

À les prendre par types, quelles sont-elles, nos pyramides ? Les plus évidentes à percevoir sont celles dans la catégorie des travaux publics, tels que les bâtiments monumentaux, monuments à la grandeur civique, boulevards fleuris, stades, centres de loisirs, piscines publiques, et ainsi de suite. Dès l'abord ici, la fonction de modération exercée par les intérêts et l'amortissement est abandonnée. On ne prétend pas que des travaux dans ce genre seront productifs. Il est dit qu'ils contribuent au bonheur et au confort des personnes, ce qui constitue leur justification, et c'est généralement vrai. Il est dit d'autre part : « Pourquoi les gens devraient-ils attendre jusqu'à ce qu'ils puissent épargner de l'argent pour cette extension de leur bonheur et de confort quand ils peuvent l'obtenir immédiatement à crédit ? Ils se taxeront pour payer les intérêts sur la dette et pour payer le principal de la dette à son échéance ».

Mais cependant, même avec des pyramides très désirable dans ce genre, pourvu que l'impatience de les réaliser devienne extravagante et inconsidérée, comme cela viendra, car cela viendra, et pourvu que trop de travail soit mu par le crédit afin de les réaliser toutes à la fois, alors on peut être sûr de ce qui se passera. Pour payer les intérêts sur la dette et payer la dette elle-même, les taxes seront augmentées jusqu'à ce que les gens ne puissent plus les payer. C'est ce qu'ils diront. Mais la raison pour laquelle ils ne peuvent pas se permettre de payer des impôts, c'est que pour commencer, ils ne pouvaient déjà pas se permettre de réaliser ces choses improductives très désirables. Ils le diront soit parce qu'ils ne l'ont pas reconnu à temps, soit parce qu'ils ne s'en souciaient pas. Ils peuvent répudier la dette, mais si vous envisagez la société dans son ensemble ceci ne fera aucune différence, car le fait reste vrai, que la société dans l'ensemble manque de toutes les autres satisfactions humaines à échanger, plus importantes que les beaux points de vue et les divertissements qui pourraient avoir été réalisés avec la même somme de travail en remplacement de ces pyramides prématurées et bien intentionnés.

On peut mettre dans une autre catégorie des choses qui se transforment ultérieurement en pyramide. Ceci se produira quand ceux par qui le crédit a été mis en œuvre l'ont soit utilisé sans discernement, soit trop généreusement pour un résultat donné, soit malhonnêtement, soit afin de créer une chose pour laquelle après tout, il n'existe pas de demande. Ainsi ce qu'ils poursuivaient n'était pas une réalité raisonnablement se mesurant à la réalité des probabilités, mais constituait un mirage du profit — dont la poursuite se déroulait grâce au travail d'autres personnes, grâce à l'argent des autres. Cependant, la chose elle-même peut être prestigieuse, comme le plus grand gratte-ciel dans une grande ville, si merveilleux dans ses caractéristiques architecturales et d'ingénierie que les gens vont parcourir de grandes distances pour le plaisir de la regarder. Qu'importe si oui ou non dans tel cas précis, l'ensemble des motivations soit lucratives, voire dénuées de toute volonté de prestige, c'est le profit ou la perte qui déterminera la situation économique de chaque nouvelle source d'émerveillement. S'il y a du profit, si les intérêts peuvent être payés et si la dette peut être mise à la mort par ces revenus, c'est-à-dire, si ceux-ci peuvent faire retourner au réservoir commun du crédit ce qui a été emprunté, alors ce n'est pas une pyramide. C'est une chose productive, génératrice de croissance. Mais en cas de pertes, de sorte que les intérêts et l'amortissement ne sauraient être satisfaits en prélevant sur la croissance, sur les revenus, sur les loyers, alors et exactement dans cette mesure où ceci est vrai, la chose est une pyramide. Nous disons, dans ce cas, que le capital est perdu. Mais ce que la perte de capital signifie, c'est que le travail est perdu, et, encore une fois, peu importe qui subit spécifiquement les pertes ; la société dans son ensemble manque de toutes les autres satisfactions imaginables qui pourraient avoir été produites à la place de cette pyramide.

Par la même définition, le suréquipement dans l'industrie, par-delà toute augmentation crédible de la demande de produit, représente du crédit anéanti. Ici l'esprit de prestige agit comme s'il s'agissait d'une loi biologique, chaque organisation séparée essayant de dépasser tous les autres de sa catégorie dans l'industrie d'un pays, puis l'industrie dans son ensemble au sein d'un pays cherchant à dépasser la compétitivité de l'industrie d'un autre pays, et ceci se réalisant par le moyen de toujours plus de crédit, jusqu'à ce qu'enfin — quel est le problème ? Le problème est que le crédit, c'est-à-dire le travail, est pris au piège, congelé, enfermé dans la machine industrielle du monde, au point que les gens ne peuvent pas se permettre d'acheter la totalité de son produit à des prix qui permettront à l'industrie de payer des intérêts sur sa dette. C'est peut-être la forme la plus complexe de pyramide que l'ingéniosité humaine ait jamais imaginée.

Pour le voir clairement, il faudrait peut-être envisager l'absurdité à son extrémité. Supposons, par exemple, que la moitié du capital disponible dans le monde soit investi dans les machines de fabrication de chaussures. Vous avez là la capacité de faire en une journée beaucoup plus de chaussures qu'il n'y a de pieds dans le monde, et pourtant la nécessité de payer des intérêts sur la moitié du capital du monde et de les récupérer sur le prix des chaussures rendra celles-ci si chères que personne ne pourra se permettre de les acheter. Le fait est que tout le capital investi en surplus dans des machines de fabrication de chaussures est perdu. Près de la moitié du capital du monde ! La moitié, moins le montant relativement faible qui a pu être investi convenablement. Précisément. Il est vraiment perdu. Le travail qu'il représente est perdu. Tous les objets du désir — que ce travail aurait produit à la place de l'excès de machines de fabrication de chaussures — sont perdus, et perdus à jamais. Vous ne pouvez pas récupérer le travail par la déconstruction des machines, pas plus que Pharaon n'aurait pu recouvrer le labeur égyptien perdu en démontant la pyramide.

Ensuite, les pyramides invisibles — quelles sont-elles ?

Une spéculation boursière délirante comme celle qui est allé s'effondrer en 1929 est une pyramide de ce type. Ses pierres sont l'appât du gain, l'aveuglement collectif et la manie ; ses composants sont des bouts de papier imprimés représentant des fragments et des fictions de titre de possession, concernant des choses réelles et irréelles, y compris de titre à des bénéfices qui n'ont pas encore été gagnés et ne le seront jamais. Le tout, impondérable. Une pyramide éphémère, tourbillonnante, en sens inverse, condamnée par sa propre vitesse de progression. Pourtant, elle englouti le crédit de manière incontrôlable, de plus en plus jusqu'au dernier moment ; le crédit alimente sa vitesse.

En deux ans, les prêts aux courtiers actifs sur le New York Stock Exchange ont augmenté à eux seuls de cinq milliards de dollars. Il s'agissait de crédits empruntés par les courtiers pour le compte des spéculateurs, et ils ont été utilisé à la Bourse pour gonfler les cours quotidiens de ces bouts de papier imprimés représentant des fragments et des fictions de titre à la propriété de choses réelles et irréelles. C'était du crédit qui aurait pu être utilisé à des fins productives. Le pouvoir sur la main-d'œuvre et les matériaux représenté par ce montant de crédit aurait pu construire une voie express de trente mètre de large joignant New York à San Francisco, et une autre allant de Chicago à Mexico, avec une partie de labeur encore disponible en excédent. Ou en prenant des salaires à six dollars par jour, il représente plus de six cents millions de jours de travail gâchés par le Pharaon sur son Khéops. Mais l'utilisation de celui-ci pour enfler les prix de la Bourse n'ajoute pas un dollar de richesse réelle dans le pays.

Puisque c'était entièrement un délire en ce qui concerne l'espérance de profit, on peut s'imaginer que la perte devait être également de nature imaginaire ; s'imaginer que si rien ne fut ajouté à la richesse du pays, rien non plus ne lui fut enlevé. Pourtant ce n'est pas la manière dont cela se passe. Tout d'abord il y a eu la perte directe du détournement de ce crédit de toutes les utilisations possibles de la production vers une utilisation improductive de la spéculation. Deuxièmement, une grande partie de celui-ci a été consommé par deux ou trois millions de spéculateurs, petits et grands, lesquels, muni de ce sentiment de richesse, ont emprunté de l'argent sur la base des bénéfices de papier et l'ont dépensé. Ce qui arrive en détail dans ce processus est que la richesse imaginaire est échangée pour de la vraie richesse ; et la vraie richesse est consommée par ceux qui n'ont rien produit à la place de celui-ci. Troisièmement, et c'est là que se situe la perte vraiment terrible, le choc de la chute effrénée de cette pyramide a entrainé toutes les sources et courants de crédits raisonnables à se rétrécir dans l'effroi. Plus ils se sont réduits, plus la peur s'installait, plus la crainte s'installait, plus la réduction s'aggravait, l'effet agissant sur la cause. La conséquence fut une panique abominable.

Ceci n'est que l'exemple le plus théâtral de la pyramide invisible. Une telle chose est à voir dans toute structure de prix artificielle ou enflée, nécessitant le crédit pour la soutenir. Le Conseil Fédéral du Fermage a construit deux grandes pyramides dans l'agriculture, l'une dans le blé et l'autre dans le coton, et les a nommé *stabilisation*. Il utilisait le crédit du gouvernement, emprunté à la population, pour soutenir les prix du blé et du coton. Néanmoins, les prix du blé et de coton ne pouvaient que chuter, et le crédit fut perdu. Il y a eu toute une vogue de pyramides portant le nom de la stabilisation. Des dizaines d'entre elles, publiques et privées, ont été construites en utilisant le crédit dans un effort plus ou moins désespéré de soutenir les prix qui étaient destinés à chuter pour des raisons naturelles.

Le commerce extérieur, enflé par le crédit que nous avons prêté à notre clientèle étrangère — voilà qui fut une grande pyramide d'un genre particulier, la moitié visible et l'autre moitié invisible, en partie réelle et en partie irréelle. Le commerce était visible ; l'idée de profit en son sein était en grande partie une illusion. Nous aurions presque oublié que nous achetions ce commerce avec notre propre crédit.

En outre, sur l'ensemble des prêts accordés à des pays étrangers à partir du réservoir de crédit américain, soit grossièrement quinze milliards de dollars, une part importante a été utilisée par les emprunteurs étrangers, non pas pour accroître notre commerce extérieur, mais pour construire leur propres pyramides à nos frais. Cette magnifique bizarrerie, soit dit en passant, sera dument remise en ordre.

Une certaine confusion commence peut-être à s'installer maintenant. Le crédit, étant considéré encore une fois simplement comme un contrôle du travail et des matériaux. Dans cette définition, l'intelligence ne fait aucune difficulté concernant les biens tangibles, comme les pyramides érigées sous la forme de travaux publics ou l'excès de capacité industrielle, car ce ne sont que des objets physiques particuliers se substituant à des autres qui pourraient avoir été créés en instrumentalisant ce même crédit ; elle peut, cependant, éprouver des difficultés à la mettre en rapport avec d'autres choses impondérables que l'on appelle aussi pyramides, comme la frénésie à Wall Street. Il faut savoir d'où provient le crédit. À qui appartient-il pour commencer ? Comment son pouvoir est-il acquis ? Comment passe-t-il de là où il est créé à l'endroit où on le découvre en train de produire ses effets prodigieux ?

Tout cela peut être observé, et de façon plus simple que l'on pense. Pour voir le crédit se développer depuis la source, pour voir à qui il appartient pour commencer, pour voir comment il évolue depuis la source, pour voir par où il s'écoule et partant de là, comment il s'écoule n'importe où, même dans un maelstrom, et pour voir en même temps l'homme oublié de Sumner, que l'on se rende seulement à la banque la plus proche et que l'on s'assoit là pour une demi-heure dans une attitude attentive. Toute banque fera l'affaire. La première venue.

Que l'on observe d'abord les dispositions physiques. Il y aura le long du comptoir une série de guichets, chacun avec une inscription au-dessus de lui. Au-dessus de l'un des guichets, il sera écrit « épargne ». Au-dessus des deux ou trois suivants, il sera écrit « caisse ». Puis, « escompte et traites ». Et sur le côté où le comptoir se termine, on verra derrière une balustrade, plusieurs bureaux sur lesquels de petits présentoirs de métal mentionnent, le premier « président », un autre « vice-président » et encore un autre « caissier principal », sauf s'il s'agit d'une très petite banque, dans ce cas, le caissier principal sera derrière l'un des guichets.

Ensuite, que l'on observe les gens et ce qu'ils viennent y faire. Certains vont directement au guichet marqué « épargne. » Ceux-là apportent tous de l'argent qu'ils confient à la banque contre intérêt. L'un est un homme en salopette. C'est de l'argent du salaire destiné à être épargné. Une autre est l'épouse d'un fermier, et ce peut être l'argent du lait ou celui du beurre. Vient ensuite l'homme des volailles avec quelque bénéfice à mettre de côté. Puis, deux ou trois femmes au foyer, de telles femmes qui, à l'évidence, incluent régulièrement dans leurs budgets une somme destinée à être économisée. Suivant celles-ci, un contremaître de la voie ferrée et un mécanicien de garage, et ainsi de suite. Chacun met de l'argent entre les feuillets d'un petit livre et passe celui-ci par le guichet ; l'homme fait le compte, écrit le montant dans le petit livre et repasse le livre au déposant. Cela continue comme ça toute la journée. À la fin de la journée tout l'argent reçu à cette fenêtre est compté, emballé et jeté au coffre-fort, puis consigné dans le grand livre de la banque comme « dépôt à terme ».

Les gens qui se rendent aux fenêtres marquées « caisse » sont quelque peu différents. Ils représentent l'artisanat local, le commerce et l'industrie. Leurs comptes sont courants, appelés comptes de vérification[1] ou balances de crédit. Ils apportent à la fois les espèces et les chèques de dépôt ; et en plus de faire des dépôts, ils peuvent apporter leurs propres chèques à encaisser, ce qu'ils font souvent au même moment. Par exemple, l'homme qui possède l'usine de fenêtres et de stores n'apporte rien que des chèques en dépôt ; quiconque lui devait de l'argent l'a payé par chèque. Mais il a dix employés et c'est jour de paye. Par conséquent, ayant besoin d'espèce pour payer ses salaires, il écrit son chèque pour le montant total de sa liste de paie et reçoit cette somme en espèces. Mais cet argent qu'il retire revient en fait à la banque par le biais d'autres mains. Les employés de l'usine de fenêtres et stores l'ont dépensé chez l'épicier et chez le boucher et dans les grands magasins qui le remettre immédiatement à la banque et le déposent au guichet « caisse » d'où il provient. Ce que les employés de l'usine de fenêtres et stores ne dépensent pas, ils le ramènent à la banque et le déposent à la fenêtre marquée « épargne. » Tel est le phénomène appelé circulation de l'argent. Le même dollar peut sortir de la banque et y revenir deux ou trois fois en une semaine. La rapidité avec laquelle un dollar effectue son travail et retourne à la banque est appelée la vitesse de l'argent.

À la fin de la journée, les employés aux guichets « caisse » additionnent dans une colonne tout ce qu'ils ont reçu et, dans une autre, tout ce qu'ils ont donné, et la différence est consignée dans les livres de la banque comme une augmentation ou une diminution de « dépôts à la demande »[2]. La règle veut qu'il y en aura eu plus qui aura été reçu que ce qui a été délivré, donc il y a norma-

---

[1] Ndlr : la désignation de compte *chèque* vient de l'anglais *checking* : vérifier
[2] Ndlr : compte (payable) à vue, ou sur demande

lement une augmentation des dépôts chaque jour. Il est normal que toutes ces personnes représentant les entreprises locales doivent apporter aux fenêtres « caisse » plus qu'ils emportent, parce que leurs activités sont multiplement productive, donnant toujours une certaine augmentation, plus ou moins suivant la situation courante.

Bref, cette augmentation quotidienne de « dépôts à vue » du guichet « caisse » est jetée dans le coffre-fort, tout comme les « dépôts à terme » de la fenêtre marquée « épargne. » Ainsi, la banque accumule des dépôts, c'est-à-dire, de l'argent. Que faut-il faire avec l'argent ? Une banque verse des intérêts, donc une banque doit gagner des intérêts. Elle doit gagner plus d'intérêt qu'elle ne paie, sans quoi elle ne peut générer de profit pour elle-même. Ainsi, la banque doit prêter ses dépôts. Recevoir de l'argent sur lequel elle paie des intérêts et prêter de l'argent sur lequel elle reçoit des intérêts, c'est là toute l'activité d'une banque.

On se demande, alors, quelle peut donc être la proportion de ses dépôts que la banque prête au total ? Quelle proportion pouvait-elle prêter en toute sécurité ? La moitié ? Les trois quarts ? Tout ? Le fait est que, même ceux qui le savent bien et prennent ceci pour acquis sont surpris quand ils s'arrêtent pour y réfléchir un instant — la fabuleuse réalité est qu'une banque peut prêter dix fois ses dépôts. C'est-à-dire que pour chaque dollar réel d'argent qu'elle a reçu en dépôt d'autres personnes et enfermé dans son coffre-fort, elle peut prêter ou vendre de l'argent pour dix dollars à crédit.

Toutes les banques ne prêtent pas dix dollars de crédit pour un dollar d'espèces dans le coffre-fort ; mais à considérer le système bancaire dans son ensemble, celui-là aura le pouvoir potentiel d'augmenter le crédit dans ce ratio par rapport aux espèces. Dix contre un étant la formule adoptée par le Trésor Public américain et d'autres organismes du gouvernement fédéral dans leur campagne contre la thésaurisation. Dans les messages officiels diffusés à travers tout le pays, la population a été exhortée de mettre fin à la thésaurisation et d'apporter son argent aux banques, au motif que chaque dollar d'argent réel retenu, représentait une perte de dix dans les ressources de crédit du pays, et que chaque dollar d'argent ramené aux banques représentait une augmentation de dix dollars en crédit pour le bénéfice commun de l'artisanat, du commerce et l'industrie.

Le début de tous les phénomènes modernes de crédit est dans cet acte de la multiplication réalisé par le banquier. Comment une banque peut-elle accorder en crédit dix fois la somme de ses dépôts en espèces ?

La manière la plus simple d'expliquer cela, sera peut-être de raconter l'histoire des anciens orfèvres qui ont reçu de l'or pour le conserver en sécurité, et qui ont délivré des reçus en échange de celui-ci. Ces reçus, soit l'or, ont commencé à passer de main en main comme de l'argent. Voyant cela, et voyant que les gens touchaient rarement à l'or lui-même, ou voulaient rarement le récupérer, tant qu'ils pensaient que celui-ci était en sûreté, les orfèvres ont commencé à émettre des billets en or, sans avoir l'or en main nécessaire à l'échange. Une idée très audacieuse. Et pourtant elle était valable, ou du moins elle marchait, et pourvu qu'un orfèvre ait été honnête, il était aussi solvable, car en échange de ce document, promettant un remboursement en or sur demande, il prenait en gage des biens de valeur appelés collatéraux ; de sorte qu'en contrepartie de ce papier émis, il avait des valeurs sûres en main, et si ces gens lui retournaient vraiment son papier, afin de ramener l'or chez eux, il n'avait qu'à vendre ces valeurs, acheter de l'or, puis rembourser le billet conformément à sa promesse — toujours à condition que les valeurs aient été liquides et facilement vendables, et à condition qu'il n'y ait jamais trop de gens qui viennent à la fois, en exigeant tous leur or sur le champ. De moins en moins de gens désiraient encore la restitution réelle de l'or. Tant qu'ils avaient foi en l'orfèvre, ils préféraient utiliser son billet pour effectuer toutes les transactions — billet qui ne représentait plus de l'or réel et qui cependant était aussi bon que l'or et avec lequel on comptait comme avec de l'or, car chaque fois que l'on voulait récupérer l'or, celui-ci était disponible. La banque moderne est partie de là. Ce document de circulation est devenu lui-même l'argent légal en contrepartie duquel les banques ont été obligées par la loi et la coutume de garder une certaine quantité d'or dans leurs mains, quantité appelée réserve d'or. L'étape suivante fut de découvrir que l'on pouvait imposer encore une strate de papier sur cette structure légale de papier-monnaie avec une réserve d'or derrière elle — un nouveau type de droits gratuits, remboursables soit en or soit en argent de papier légal. Ce nouveau type de papier gratuit fut le chèque de banque, comme on le sait ; et l'utilisation des chèques de banque à la place de l'argent réel a augmenté par l'habitude et la nécessité jusqu'à cette heure ; nous négocions plus de neuf dixièmes de toutes nos affaires par chèque, l'argent réel ne circulant plus du tout, ou presque. En l'an 1929, par exemple, le montant total de l'argent réel de toutes sortes dans le pays était de neuf milliards de dollar ; mais le total des échanges de chèques bancaires était de 713 milliards de dollar, soit près de quatre-vingts fois tout l'argent réel existant.

Ce qu'une banque prête par conséquent, c'est du crédit sous la forme d'un carnet de chèques en blanc. On emploie son crédit en tirant des chèques en contrepartie de celui-ci. On peut tirer un chèque pour du liquide et en tirer de l'argent proprement dit sous la forme de l'or ou sous la forme d'argent-papier légal, mais quand on a fait cela et que l'on a dépensé l'argent, celui-ci s'en retourne directement à la banque. Lorsque l'on emprunte à la banque, que se passe-t-il ? Le banquier ne délivre pas d'argent. Il écrit dans son propre registre de banque un certain crédit sur le compte et délivre un carnet de chèques en blanc. On sort avec et on commence à tirer des chèques en contrepartie de ce crédit. Les personnes à qui l'on donne les chèques, les déposent à la banque. Lorsqu'ils déposent ces chèques, les sommes sont facturées sur le compte, déduites du crédit inscrit sur les registres. Aucun argent physique n'est impliqué.

Si ces derniers paragraphes vous ont parus difficiles, prenez la chose avec légèreté et sans amertume. De toutes les découvertes et les inventions qui nous font vivre et mourir, cette spirale de crédit parfaitement équivoque est la plus rusé, la plus puissante, la moins comprise, et cela, au même rang que les matières hautement explosives les plus dangereuses. Tout ce que les banquiers eux-mêmes en savent vraiment, c'est la manière dont elle fonctionne au jour le jour. Au-delà de ça, il s'agit d'une boîte magique de Pandore.

Mais admettons que l'on soit toujours assis dans la banque locale. Que l'on se représente comme un phénomène arbitraire si nécessaire, le fait que pour chaque dollar d'argent réel qui est passé vers l'intérieur au travers de ses guichets et qui s'arrête dans le coffre-fort de la banque, il y aura six, huit, peut-être dix dollars de crédit à octroyer. À qui accordera-t-elle donc ce crédit ? Et comment ?

Il y a encore un guichet que l'on doit observer, celui marqué « escomptes et traites ». Les opérations à ce guichet prennent plus de temps. Des documents sont signés et échangés. Les gens là-bas sont des emprunteurs ; ils s'occupent de leurs prêts, de les rembourser, ou de payer un acompte, ou d'organiser une extension de leurs billets à ordre. L'un d'eux est cet entrepreneur local qui a dû prendre un crédit sur son billet à ordre pour les matériaux et la main-d'œuvre tout en construisant une maison ; la maison est terminée, il a été payé par le propriétaire, et à présent il rembourse le crédit en rachetant son billet — avec un chèque. Un autre est ce concessionnaire automobile local qui vient de prendre en réception de Detroit un wagon de voitures avec l'ordre de paiement joint, et l'ordre stipule « paiement comptant ». Pour payer la traite, il doit obtenir un crédit à la banque ; à mesure qu'il écoule les voitures une par une dans la communauté locale, il rembourse le crédit — par chèque. Un autre est le concessionnaire de radio qui vend des radios en offrant le paiement par traites. Il contracte un crédit en contrepartie duquel il va tirer un chèque pour payer le fabricant de radio pour un ensemble de dix unités ; comme garantie du prêt, il donne son propre billet à ordre, avec les dix contrats d'achat des dix acheteurs locaux à qui il a vendu les postes de radio. À mesure qu'ils le paient, il remboursera la banque — par chèque. Un autre est un fermier qui a vendu sa récolte et vient à présent rembourser — par chèque — le crédit qu'il a emprunté six mois plus tôt pour acheter des engrais et quelque nouvelle machine agricole.

Des prêts de ce type, à la population locale dont la banque connaît chaque membre personnellement, ne constituent pas seulement le genre de prêt le plus sûr pour la banque ; c'est surtout l'utilisation idéale de crédit. Malheureusement, la demande locale de crédit n'est pas suffisante pour absorber la puissance de prêt combinée de la banque. Grâce à l'épargne de la communauté, s'accumulant toujours davantage dans le coffre-fort sous forme de dépôts d'espèces, la banque acquiert un excédent de puissance de prêt. Après avoir satisfait aux demandes de crédit de ses propres clients au guichet marqué « escompte et traites », que fera la banque avec l'excédent de crédit ? À ce stade donc, on observe comment le crédit croissant ainsi depuis son obscure source locale, déborde de son lit et commence à chercher des débouchés dans les lacs et les golfes et les mers au-delà — comment ses aventures commencent.

La première chose que la banque songe à faire avec une partie de son excédent de crédit est de le prêter à une grande banque de la ville de New York.

Qu'est-ce que la banque de New York en fera ? La banque de New York peut prêter l'argent à tel marchand qui agit dans le commerce intérieur ou tel autre qui agit dans le commerce extérieur ; elle peut le prêter à un courtier en bourse qui le prête à un spéculateur ; elle peut le prêter en Europe à la Banque d'Angleterre ou encore à une banque allemande dans laquelle le taux d'intérêt est très élevé. Que l'on s'imagine le crédit local américain, généré comme on l'a vu, trouver son chemin en partant de cette source insouciante pour arriver dans une banque de Berlin ! Eh bien, plusieurs centaines de millions de dollars de ce genre de crédits américains justement ont trouvé leur chemin jusqu'aux banques de l'Allemagne, et ils furent pris au piège en 1931. Les banques allemandes ont dit qu'elles ne pouvaient pas rembourser. C'est de cela précisément dont il fut question dans le moratoire. L'Allemagne a annoncé que si nous insistions à vouloir récupérer notre crédit, ses banques fermeraient tout simplement boutique ; elle nous donna le conseil de le "geler" et de le laisser en dépôt dans les banques allemandes, dans l'espoir que celles-ci pourraient être en mesure de payer plus tard, et comme il n'y avait rien d'autre à faire, c'est bien cela que nous avons fait.

Que reste-t-il d'autre à faire encore, avec son excédent de crédit, pour la banque locale ? Elle achètera une obligation d'État des États-Unis. Ainsi, elle prête simplement ce crédit local au gouvernement fédéral.

Qu'est-ce que le gouvernement fédéral doit en faire ? Le gouvernement fédéral peut le donner au conseil agricole fédérale pour soutenir ces pyramides de blé et de coton ; le gouvernement fédéral peut le donner à l'Agence de Reconstruction de la Finance[3], qui le prêtera à des chemins de fer ; le gouvernement fédéral peut l'accorder au Secrétariat aux Anciens Combattants, qui le prêtera à des anciens combattants, ou le gouvernement fédéral peut le dépenser, soit à terminer les travaux au pont mémorial sur la rivière Potomac à Washington[4], soit au papier et aux crayons à mine de plomb destinés à être distribués sur le bureaux du Sénat et de la Chambre.

Mais la banque locale a encore un excédent de crédit à prêter. Jusqu'à présent, à tous points de vue, elle est restée très conservatrice. Le crédit qu'elle a prêté à la grande banque de New York City est remboursable sur demande. Pas de souci à ce sujet. Pour récupérer le crédit qu'elle a prêté au gouvernement des États-Unis, elle n'a qu'à vendre l'obligation, et il y a toujours un marché instantané pour les obligations gouvernementales. Alors, à ce stade, la banque estime qu'elle peut prendre un certain risque, afin d'obtenir un taux d'intérêt plus élevé.

On apercevra peut-être au bureau derrière la balustrade, un homme qui s'entretient très sérieusement avec le président ; on pourra déduire à un je-ne-sais-quoi dans son attitude que l'on se trouve ici en présence d'un vendeur. Voilà ce qu'il est, un vendeur d'obligation de Wall Street, et sa marchandise du moment est constituée d'obligations étrangères. Il a des obligations d'État de l'Amérique du Sud qui rapportent sept pour cent, et des obligations municipales allemandes qui rapportent huit pour cent ; ce sont donc des tarifs très attractifs en terme d'intérêts, étant donné que la banque ne paie ses déposants que trois et demi pour cent.

« Vous pouvez avoir l'impression », dit le vendeur au président, « que ces taux d'intérêt de sept et huit pour cent dégagés par ces obligations impliquent l'existence d'un risque particulier. En réalité, il n'en est rien. Les obligations sont parfaitement

---

[3] *Reconstruction Finance Corporation* : agence gouvernementale de crédit au redressement économique, créée par décret en temps de crise, ancêtre de celles que l'on connaît aujourd'hui sous le nom de KfW en Allemagne ou BPI en France.
[4] Arlington Memorial Bridge, construit en 1932

sûres. Les emprunteurs étrangers doivent payer des taux d'intérêt élevés dans notre pays, non pas en vertu de ce qu'ils seraient différents en quelque forme que ce soit des emprunteurs sûrs et solvables, mais parce que nos concitoyens n'ont pas l'habitude des investissements étrangers. Pour une petite banque comme la vôtre, étant donné que cette situation constitue une situation temporaire, il s'agit d'une rare occasion de faire des investissements très rentables ».

Ainsi persuadée, la banque locale achète des obligations étrangères avec le reste de son excédent de crédit. Quand elle achète l'obligation d'un gouvernement de l'Amérique du Sud, elle accorde un crédit à ce gouvernement, ne sachant rien de plus que ce que le vendeur lui dit. Que fera le gouvernement sud-américain de ce crédit ? Il peut en faire tout ce qu'il veut, étant donné que c'est un gouvernement souverain ; il peut l'utiliser pour construire un dôme couvert d'or. Beaucoup de nouveaux dômes dorés ont justement été construits dans des pays étrangers avec ce genre de crédits américains locaux.

En achetant les obligations allemandes, la banque accorde un crédit à la ville libre de Brême, ou peut-être à Cologne. Qu'en fait la ville libre de Brême ? Elle peut l'utiliser pour élargir le chenal de son port et construire de nouveaux débarcadères. Le même crédit aurait pu être employé à creuser des canaux pour les navires et à construire des débarcadères sur les côtes marécageuses du New Jersey. Et que peut donc en faire Cologne ? Elle peut l'utiliser pour construire un stade ou un grand pavillon de natation pour le plaisir et le confort de son peuple. Comme c'est étrange ! La communauté américaine locale, depuis laquelle ce crédit est initié afin d'exécuter ces travaux en Allemagne n'a elle-même ni stade ni piscine propre. Alternativement, Cologne peut aussi l'employer pour aider à construire le nouveau plus grand pont d'Europe sur le Rhin. Un pont, dont en fait elle n'a pas besoin, sauf à vouloir créer des emplois pour sa population. Le même crédit pourrait être employé à la construction d'un pont à la Porte d'Or dans la baie de San Francisco. [5]

---

[5] Ndlr : Le Pont du Golden Gate fut péniblement financé par obligation entre 1930 et 1932 puis finalement construit entre 1933-1937

Un dernière commentaire encore avant de quitter la banque : comme ces gens sont loin de ce qui se fait avec le crédit initié à partir de l'argent qu'ils laissent aux guichets ! Comme ils savent peu de choses à ce sujet ! Que l'on s'imagine dire à cette femme allant au guichet intitulé « épargne », et qui tire de l'argent en petites coupures depuis les profondeurs d'une vielle sacoche, que ses dollars, multiplié dix fois par la banque, serviront à installer des ornements pour un grand boulevard dans un petit pays en Amérique latine dont elle n'a jamais entendu parler, ou à construire des maisons d'ouvriers dans une ville allemande plus belles que la maison où elle vit elle-même. Que l'on s'imagine dire à l'homme en salopette qui vient après, que son argent, multiplié dix fois par la banque, servira à un spéculateur sur le marché boursier de New York, ou qu'il servira à réparer une cathédrale en Bavière, ou qu'il ira à une banque étrangère qui pourra le perdre, à moins que la question des indemnisations de la guerre ne soit finalement réglée en Europe, ou qu'il peut être prêté à l'Allemagne pour que l'Allemagne soit en mesure de payer des indemnisations aux Alliés, afin que ceux-ci soient disposés au remboursement de leurs emprunts contractés auprès du Trésor Public des États-Unis.

En quittant la banque, que l'on se rappelle qu'elle était une banque parmi 25.000, grandes et petites, toutes effectuant le même acte de multiplication, toutes en train de prêter le produit de la multiplication, ce qui représente l'activité de crédit, d'après les mêmes règles générales. On n'a vu qu'une seule pousse dans les bois jusque-là. Que l'on pense aux 25.000 autres sources dans le pays, toutes débordant constamment de crédit, et que l'on songe comment ce surplus de crédit local, en cherchant de l'intérêt, par une loi aussi infaillible que la force de gravité, trouve son chemin vers les cours d'eau qui s'écoulent, vers les lacs, les golfes et les mers au loin. En gardant cette image en mémoire, on peut mieux comprendre ce qui se passe ensuite, si d'aventure cela se passe, quand cela se passe, car il est inévitable que cela doit se passer en conséquence d'une utilisation imprudente ou illusoire de la puissance de crédit.

Les cieux de l'économie sont sujets au changement. Certaines étoiles retombent. Sur la terre, des pyramides s'effondrent. Durant deux ou trois semaines, ce que les journalistes de Wall Street appellent une débâcle à la Bourse, occupe la une sur la première page des journaux. Puis un jour une banque de New York avec 400 000 épargnants doit apposer un morceau de papier sur sa baie vitrée, annonçant : « Fermé par ordre de la Commission de Surveillance Bancaire de l'État. » Sur base de l'excédent de crédit provenant de l'accroissement des dépôts en espèces réalisés par ses 400.000 oubliés, la banque a trop souvent alloué son crédit pour des affaires qui par la suite se sont révélées être des pyramides, comme pour des gratte-ciel par exemple.

Vous souvenez-vous de la vieille dame se rendant avec la sacoche au guichet marqué « épargne » dans la petite banque locale ? Elle a une amie à New York, qui faisait aussi partie des 400.000 épargnants. Elle reçoit une lettre de cette amie, lui disant qu'une banque n'est pas l'endroit idéal pour y laisser son argent en ces jours. Il sera encore plus sûr de le déposer dans les multiples endroits auxquels une femme peut penser, bien qu'il ne rapporte là pas d'intérêts. Que ce soit même le fond de la boîte de gâteau. Donc, cette vieille dame apparaît de nouveau au guichet marqué « épargne. » Elle veut prélever tout son argent. Ensuite arrive l'homme en salopette ; il a entendu quelque chose du même genre et il veut tout son argent. Ces deux-là n'auraient pas d'importance pour l'immense système bancaire américain dans son ensemble. Mais que l'on se rappelle que nous sommes dans l'une des 25 000 banques, et dans chacune d'elle, quelques déposants demandent de récupérer leur argent, tous en même temps. Ceci donc est le début de la réduction de toutes les sources, toutes les rivières et tous les courants de crédits telle qu'elle avait été annoncée auparavant.

Ce qui se passe maintenant est l'inverse de la multiplication. C'est la déflation. Le banquier ne peut pas la contrôler. Tout comme il a multiplié le crédit dans un rapport de dix pour un, pourvu que ses déposants retirent leur argent, il doit alors réduire le crédit dans la même proportion. C'est-à-dire que pour chaque dollar d'argent qui est sorti de ses mains, il doit récupérer dans un endroit quelconque, dix dollars de crédit. Ainsi, le mécanisme vaste et délicat du crédit avançant à grande vitesse, est mis brusquement en marche arrière, avec un effroyable craquement de vitesses.

Que l'on retourne à l'affaire de la petite banque locale, où l'on s'était assis. Comme ses déposants continuent de retirer de l'argent, elle doit rappeler du crédit. D'abord, elle fait annonce par téléphone ou par télégraphe à la grande banque de New York, en disant : « Prière de rembourser notre crédit. Nous en avons besoin ».

Mais depuis lors, que l'on se souvienne, la banque de New York avait prêté ce crédit ; elle doit à son tour le faire rappeler chez quelqu'un d'autre. Si elle l'a prêté aux courtiers sur le marché boursier, qui l'ont eux prêté à des spéculateurs, ce sont ces derniers qui doivent le rembourser. Mais que l'on suppose que les banques de New York qui fournissent la Bourse en crédit doivent toutes rappeler ces sommes en même temps pour qu'elles soient remboursées, car des milliers de banques locales, d'où le crédit est issu, demandent leur remboursement dans tout le pays.

Dans ce cas, ce sont les courtiers de la Bourse qui coulent. Ils ne peuvent pas remplacer le crédit auquel ils sont mis en demeure de renoncer, parce que les sources de crédit sont maintenant réduites. Ceci étant un fait, les courtiers annoncent à leurs clients, à savoir les spéculateurs : « Nous sommes désolés, et c'est une chose terrible, mais il n'y a plus de crédit. Les banques annulent nos prêts. Nous ne pouvons pas garder vos titres à crédit plus longtemps. Si vous ne pouvez pas les payer en espèces dans les quinze prochaines minutes, nous serons obligés de nous sauver, de les vendre pour ce qu'ils valent. »

À la suite de ceci, survient une nouvelle journée de panique sur le marché boursier, une autre débâcle, avec de longues manchettes horribles dans les journaux. La panique est rendue publique. La pyramide boursière tourbillonnante est en train de chuter, faute de crédit pour la soutenir. C'est un effet qui redevient à son tour une cause. En raison de la chute effrénée des prix à la Bourse, en fonction de laquelle la perte de richesse imaginaire est estimée, et pour d'autres raisons non détaillées, plusieurs banques font faillites. Chaque jour, les queues de déposants inquiets s'allongent. Ainsi, les courants du crédit continuent de se réduire, et le rythme continue d'accélérer.

Mais à supposer que la banque de New York ait accordé le crédit à une banque à Berlin et qu'elle ne puisse pas le récupérer du tout. Que doit-elle faire dans ce cas ? Car elle est obligée, soit de retourner le crédit à la petite banque locale qui le réclame en retour, soit de s'avouer elle-même insolvable. Dans ce cas, donc, la banque de New York doit vendre une partie des titres dont elle dispose elle-même comme placements de réserve. Mais si toutes les banques de New York font la même chose au même moment, comme ce sera à peu près le cas, l'effet sur la Bourse est encore pire. Les banques vont vendre des obligations tandis que les spéculateurs vendaient seulement des actions, et s'agissant des obligations, l'effet d'une baisse sur le moral du pays est beaucoup plus inquiétant.

Ce que l'on aperçoit à présent, c'est la liquidation. Le crédit se contracte parce que ces milliers de déposants oubliés dans les banques réclament leur argent ; et dès lors que le crédit se contracte, tout le monde à la fois ordonne le retour de celui-ci à sa source ; ensuite pour le restituer, il n'existe aucun autre moyen pour la personne qui a emprunté, que de vendre des biens.

Supposons, cependant, que la banque locale obtienne son crédit en retour de la banque de New York. Cela n'est pas suffisant. Ses déposants continuent de retirer leur argent ; toujours plus de crédit doit être retiré, que l'on se souvienne, dix pour un. Quelqu'un, quelque part, doit renoncer à dix dollars de crédit pour chaque dollar d'argent réel que les déposants retirent. La banque locale songe ensuite à vendre ses obligations de l'Amérique du Sud. C'est une autre façon de récupérer du crédit. Quelqu'un devra racheter les obligations bien sûr, mais cela signifie simplement que celui qui les rachète à cette banque prendra la place de celle-ci en tant que créancier du gouvernement sud-américain ayant émis les obligations. La banque n'a pas besoin de se soucier de l'identité de l'acheteur ; l'opération aura lieu sur le marché obligataire ouvert où la loi du *caveat emptor* est de rigueur. Acheteur, attention !

Mais quand la banque locale va vendre ses obligations de l'Amérique du Sud, elle les trouve annoncées à trente pour cent

— les mêmes obligations qu'elle a payées quatre-vingt-dix. Le gouvernement sud-américain est en difficulté financière, et tous les acheteurs présents sur le marché obligataire le savent ; c'est pourquoi ils offrent seulement trente pour cent pour les obligations. Si la banque les vend à trente, elle aura perdu pour toujours les deux tiers du crédit qu'elle avait accordé au gouvernement sud-américain. D'ailleurs, si c'est tout ce qu'elle peut obtenir pour ces obligations, cela ne fera pas un grand soulagement de les vendre. Ainsi, elle met de côté ces obligations-là et considère ses obligations allemandes. Mais les obligations allemandes se sont aussi effondrées. Leur condition est peut être aussi mauvaise ou pire encore, parce que l'Allemagne est en difficulté. Que peut donc vendre la banque ? Elle peut vendre ses obligations d'État des États-Unis ; pourtant même dans ces dernières, il y a une perte de valeur considérable. Elles ont baissé de prix en vertu de la vente de centaines, voire de milliers d'entre elles ; les autres banques sont toutes dans le même dilemme, toutes tentées de vendre leurs obligations du gouvernement des États-Unis plutôt que des obligations moins bonnes, sur lesquelles elles ne peuvent pas se permettre de réaliser la perte.

Ayant récupéré le crédit qu'elle a prêté au gouvernement des États-Unis, en vendant ses obligations d'État des États-Unis, la banque locale va rembourser ses déposants pendant un certain temps, les enjoignant cependant à renoncer au retrait, en leur disant avec optimisme que tout ira bien. Puis un jour, le contrôleur de l'agence d'inspection bancaire à Washington vient examiner les registres sans prévenir, pour établir si la banque est solvable. Après avoir examiné les registres, il annonce : « Regardez ça ! Vous avez vendu tous vos meilleurs actifs. Et à présent, pour enregistrer dans vos bilans les actifs déclassés, vous les valorisez encore toujours au prix que vous les avez payé à l'achat. Regardez ces obligations étrangères par exemple — encore évaluées sur vos registres à quatre-vingt-cinq quand vous savez très bien qu'elles ne valent plus sur le marché aujourd'hui que trente ou trente-cinq pour cent. Vous n'êtes pas une banque solvable. Vous allez devoir fermer. »

Alors, le morceau de papier blanc fatidique est apposé sur la plaque de verre, et tous les épargnants faisant la file aux guichets pour demander leur argent à ce moment sont mis dehors.

C'est — presque exactement — ce qui est arrivé à 3.635 banques de toutes sortes au cours des deux années 1930 et 1931. Les dépôts de ces 3.635 banques ruinées s'élevaient à plus de 2 milliards de dollars.

On oublie facilement que le déposant, se tenant en dehors en train de lire le verdict du contrôleur bancaire à travers la glace, était le prêteur initial.

Que l'on pense aux choses que le déposant fait. Il est assez clair que quand il fait un dépôt, il prête de l'argent à la banque. Mais que représente l'argent ? Il représente de l'argent gagné apporté par le déposant ; quelque chose de valeur équivalente a été produit par ses propres efforts ; quelque chose qu'il aimerait mieux épargner que consommer. Cela peut être deux stères de bois. Qu'on se l'imagine.

Il n'y a pas tant de choses à faire avec deux stères de bois en surplus. Si vous les stockez pour votre propre usage à venir, cela représente du loisir gagné. Si vous les échangez avec un voisin contre autre chose que vous désirez, c'est une conversion par troc brut. Dans aucun des deux cas il n'y a d'augmentation. Cela reste deux stères de bois, tout le temps. Vous pouvez les vendre pour de l'argent. Si vous économisez l'argent, vous avez l'équivalent de deux stères de bois, mais sans aucune augmentation. Cependant à supposer que l'on amène l'argent à la banque et qu'il y soit déposé à intérêt. Dans ce cas, on a prêté à la banque une part de main-d'œuvre excédentaire, équivalente à la valeur de deux stères de bois, et c'est le début d'une croissance. Un autre homme entreprenant, qui est sans outils, emprunte de l'argent à la banque pour acheter une hache, un merlin et des coins. Ces outils représentent les deux stères de bois. Avec ces outils, cet homme coupe six stères de bois, deux pour lui-même et quatre qu'il vend. Avec le produit de ceci il rembourse à la banque l'argent qu'il a emprunté pour acheter les outils. Il a encore en sa possession le bénéfice des deux dernières stères produites, c'est-à-dire le profit ou la croissance. Au lieu d'en dépenser le profit, que l'on s'imagine celui-ci décider de l'épargner. Il le met à la banque. La banque a maintenant quatre stères de bois, là où elle n'en avait que deux auparavant, pas le bois de chauffage en lui-même, pas le travail en lui-même, mais de l'argent comme agent de main-d'œuvre ; au surplus de quoi les outils sont encore dans les mains de l'homme. Tout cela à partir de deux stères de bois.

Ainsi, nous accumulons la richesse, et il n'y a pas de limite à celle-ci, à condition que le travail ne soit pas gâché.

À supposer maintenant qu'un troisième homme arrive et emprunte tout cet argent pour construire un jouet, au sens d'une pyramide qui n'a pas de valeur économique, ou pour une spéculation malheureuse, ou pour acheter quelque chose dont il est impatient de profiter avant qu'il n'ait rien produit de valeur équivalente, et qu'il échoue par la suite à produire l'équivalent, de sorte qu'il n'est manifestement pas en mesure de payer les intérêts ou rembourser le capital. On dira, dans ce cas, que l'argent est perdu. En réalité, il ne l'est pas. Il existe toujours. Mais ce que l'argent a représenté est perdu, c'est-à-dire, finalement, la quantité de travail nécessaire à produire quatre stères de bois.

Il n'y a ni valeur, ni puissance dans l'argent en soi-même, seulement en ce qu'il représente. Chaque dollar d'argent réel devrait témoigner que la valeur d'un dollar de richesse a été produite sous quelque forme ; chaque dollar de crédit multiplié par le banquier sur base de cet argent devrait signifier que quelque part sous une certaine forme de valeur, un dollar de richesse est en cours de création.

Tout ce qui touche à l'argent, et qui est susceptible de le dégrader, d'affaiblir son rapport à la somme totale de la richesse, de manière à porter atteinte à son pouvoir d'achat, touche ceux-là mêmes qui ont prêté leur labeur aux banques.

Pourquoi limite-t-on la fonction d'émission de l'argent au gouvernement, et pourquoi se donne-t-on des lois très strictes concernant l'exercice de cette fonction par le gouvernement, et pourquoi fait-on de la contrefaçon un crime ? Tout ceci tient à l'idée de garder la valeur de l'argent constante. Mais pourvu que l'argent soit autorisé à croître plus vite que la richesse des choses dont nous évaluons le prix en argent, alors la valeur du travail sauvegardé sous la forme d'argent se détériorerait comme une stère de bois abandonnée aux aléas du climat. Lorsque, pour une raison quelconque, un gouvernement est amené à mettre en œuvre la contrefaçon légale, lorsqu'il commence à émettre de la fausse monnaie — sans aucune relation définie par rapport à une forme de richesse en devenir ou en cours — l'effet est bien connu. Il y a une progression de l'inflation qui, une fois engagée, ne peut plus faire l'objet d'interruption ou de contrôle jusqu'à la catastrophe finale. À la fin, les économies de toute une vie, reconverties en argent, ne sont peut-être plus suffisantes pour acheter un chapeau.

C'est ce que nous avons appris au sujet de l'argent lui-même, approximativement. Nous devons encore apprendre, ne fut-ce que vaguement, ce qu'est le crédit.

À la seule pensée que le gouvernement doive faire marcher ses planches à billet sans restriction et inonder le pays avec la monnaie fiduciaire, toute notre intelligence économique oppose un refus. N'acceptent ce genre de suggestions que ceux qui sont mentalement ou politiquement malsains. Et pourvu qu'un gouvernement soit obligé par un vote malsain de l'ordonner quand même, alors tout le monde, y compris l'électorat malsain, se met à accumuler de l'or parce que l'or est une sorte de monnaie qu'aucun gouvernement ne peut produire ou diluer. Alternativement, s'il était proposé que chaque banque doive disposer du privilège d'émettre de la monnaie comme bon lui semblerait, à sa seule discrétion, nous devrions tous nous méfier. Même les banques refuseraient cette liberté. Ce n'est pas seulement que la population ne peut pas confier ce privilège aux banquiers privés ; les banquiers privés ne pourraient eux-mêmes pas se faire confiance les uns aux autres.

Mais pourtant, sur la base fondamentale du maintien de l'argent comme privilège jalousement gardé du gouvernement, les banques sont libres de dilater et de multiplier le crédit, chacune à sa discrétion, nonobstant le fait que l'inflation de la monnaie et l'inflation des crédits sont des maux similaires, produisant des misères similaires. L'inflation du crédit — frénésie, délire, enrichissement fantastique. La déflation du crédit — déclin, crise, honte. Un état succède à l'autre et on ne peut y échapper, car l'un est la cause et l'autre est la conséquence.

CHAPITRE III
AU SUJET DU SAUVETAGE DE L'EUROPE

« Qui dit petite dette, dit débiteur ; qui dit grande dette dit ennemi. »

GNOMOLOGIA

Prenez un texte tiré des nouvelles, tel qu'il a été imprimé le lundi 23 Juin 1931 dans le *New York Times* : « Partant de New York, l'enthousiasme d'une énorme vague d'achat a déferlé hier sur les marchés des actions et des matières premières du monde, en réaction à l'évolution du week-end ; il reflète l'accueil favorable fait par le président Hoover à la proposition d'un moratoire durant un an, sur le remboursement des dettes de guerre et d'indemnisation. La progression des cours partout dans le monde a ajouté des milliards de dollars aux valeurs sur les marchés publics, avec les actions, les obligations, les céréales, le coton, le sucre, l'argent et le plomb faisant l'objet d'une demande accrue. Une vigueur manifeste s'est développée dans la section des obligations allemandes, dont les gains allèrent de 2 à 13 points de pourcentage... Les obligations du gouvernement des États-Unis n'ont pas réussi à profiter du mouvement, enregistrant toutes à la clôture, des résultats négatifs ».

La dernière ligne tombait bizarrement à la fin d'un paragraphe. Et ce fut bien toute l'attention que l'on daigna accorder au fait le plus important d'une journée délirante, à savoir que toute chose au monde augmentait, sauf les obligations du Trésor Public des États-Unis. Et pourquoi cela ? Les bons de trésor des États-Unis disaient le pourquoi, le disaient haut et fort à ceux qui voulaient l'entendre. Ils le disaient dans la langue de la cotation boursière et voilà ce que cela signifiait :

« Encore cette affaire de sauvetage de l'Europe avec du crédit américain ! Avez-vous jamais compté ce qu'il vous en a déjà coûté jusqu'ici ? Cela devient de plus en plus cher ; et d'ailleurs, il se pourrait que vous ne puissiez pas du tout sauver l'Europe. Vous pourriez être en train de la dilater seulement. L'amélioration peut se révéler être pire ».

C'est ce qui se passa. La hausse mondiale dans tous les domaines, à l'exception des bons de trésor des États-Unis était fictive, une illusion momentanée. Le pire était à venir.

Plus précisément, le plan d'ajournement de la dette selon Hoover prévoyait de sauver l'Allemagne de l'effondrement financier et d'éviter ainsi une catastrophe dont il était prévisible qu'elle affecte de manière désastreuse la structure de la finance internationale toute entière. Le coût initial à notre charge fut évalué à 250 millions de dollars. C'est la somme à laquelle il nous fallait renoncer, somme résultant des dettes de guerre dues par la Grande-Bretagne, la France, la Belgique, l'Italie et d'autres pays au Trésor Public américain. Nous ne pouvions pas proposer que l'Allemagne cesse tout simplement de payer des indemnisations à ses créanciers européens durant un an. Cela aurait coûté trop cher, à la Grande-Bretagne, à la France, à la Belgique, à l'Italie et à d'autres. Ils ne pouvaient pas se le permettre. S'ils devaient renoncer à des indemnisations de l'Allemagne et continuer de payer des intérêts sur leurs dettes de guerre américaines au Trésor des États-Unis, cela ferait un trou dans leurs poches. Dans ces conditions nous avons proposé, à supposer les créanciers européens de l'Allemagne disposés à lui faire grâce du paiement des indemnisations durant une année, que les États-Unis leur feraient grâce des remboursements des dettes de guerre au Trésor américain durant une année.

Néanmoins, des obstacles subsistaient car le sauvetage de l'Allemagne allait quand même coûter quelque chose à l'Europe elle-même. La situation était telle que la France, la Grande-Bretagne, la Belgique et encore d'autres avaient collecté au titre des indemnisations payées par l'Allemagne, un peu plus de 400 millions de dollars par an et avaient remboursé au titre de leurs dettes de guerre au Trésor américain, un peu moins de 250 millions de dollars par an. Ainsi un report général de la dette de guerre internationale pour sauver l'Allemagne leur coûterait la différence, soit environ 150 millions de dollars. La Grande-Bretagne n'avait recouvré sur ses débiteurs de guerre que 50 millions de plus qu'elle n'avait remboursé aux États-Unis au titre de sa propre dette de guerre américaine ; elle n'y était donc pas disposée. Mais cependant, la France avait recouvré sur l'Allemagne 100 millions de dollars de plus que ce qu'elle avait payé au Trésor américain au titre de sa dette de guerre ; elle n'y était donc pas disposée. Après des négociations longues et pénibles, il a été convenu, pour le bien du plan d'ajournement de la dette et celui du sauvetage de l'Allemagne, que la France devait bénéficier de conditions particulières. Une partie incompressible de ses paiements en dédommagement serait versée par l'Allemagne à la Banque internationale à Bâle, puis allouée à nouveau en prêt par la France à l'Allemagne, en vertu d'un nouvel accord. Chacun dut faire confiance à l'Allemagne sur parole pour cela.

Ainsi, le plan fut mis en application. Cela nous coûta 250 millions de dollars. Enfin, un petit peu plus. Pendant que les créanciers européens de l'Allemagne débattaient du plan et marchandaient sur ce qu'il allait leur coûter, la Banque de Réserve Fédérale de New York accorda directement un prêt à la Reichsbank allemande pour la maintenir ouverte. Disons donc qu'il nous en avait coûté au total 300 millions de dollars. N'était-ce donc pas bon marché ?

Nous pensions vraiment avoir accompli une œuvre majeure ; nous lisions chaque matin dans les journaux que c'était une œuvre majeure. Les diplomates et les chancelleries d'Europe le disaient, sur des feuillets dactylographiés, ou dans des interviews et les correspondants américains nous ont communiqué les citations par câble. Mais les phrases dactylographiées des diplomates et des chancelleries sont délibérément suaves. Ce que les gens pensaient vraiment et ce qu'ils disaient, y compris les diplomates, était fort différent. Ils disaient, entre autres choses : « C'est le début de la fin de nos exécrables dettes de guerre envers l'U.(ncle) S.(hylock) du Trésor. » [1]

Les journaux britanniques conservateurs, firent preuve d'une véritable bonne volonté à s'accorder au diapason de Downing Street, car il se faisait par hasard que la saison de la haine de la

---

[1] NDT : « Uncle Shylock » est la figure de l'usurier classique impitoyable, exigeant la chair même du débiteur comme garantie de son prêt dans la pièce de théâtre du « Marchand de Venise » de Shakespeare.

France venait justement de s'ouvrir ; les journaux populaires faisaient aussi du sarcasme.

L'opinion publique française était acerbe. Ces Américains, toujours à prétendre que ce ne sont pas leurs affaires et qu'ils n'ont rien fait, les voilà encore une fois qui laissent courir maladroitement leurs mains dans les intérêts de l'Europe, sans rien y comprendre du tout. Intervenir sans comprendre dans quelle affaire ils intervenaient. Faire usage de leur puissance de crédit pour dicter des conditions entre la France et l'Allemagne. Pourquoi ne pouvaient-ils pas accorder leur crédit purement et simplement comme crédit, d'un point de vue financier, et ne pouvaient-ils donc pas s'occuper pour le reste de leurs propres affaires ? En outre, ils faisaient preuve, comme d'habitude, de mauvaises manières, quand ils proposaient que la France renonce à des indemnisations allemandes durant une année sans même consulter d'abord la France à ce sujet.

Les commentaires en Allemagne étaient cruels et un peu exaltés. Les Américains ont été obligés de sauver l'Allemagne de la faillite, afin de protéger les deux milliards et demi voire plus, qu'ils lui avaient déjà prêtés. C'était pour se sauver elle-même qu'ils la sauvaient et sauvaient l'Europe.

Quoi qu'il en soit, nous étions encore très satisfaits de nous-mêmes. Et en tout cas, à considérer la situation sans aucun romantisme, la solvabilité de l'Europe était une bonne affaire à 300 millions de dollars, si on l'avait vraiment sauvée. Mais assez peu de temps après, il est apparu très clairement que ce n'était pas le cas. Dans les deux semaines suivantes, l'ensemble de ces 300 millions de dollars de crédit avaient été engloutis et l'Europe nous disait :

« Voyez ce qui s'est passé maintenant ! Le plan Hoover marchait bien ; l'intention était bonne. Seulement, c'était insuffisant pour commencer, et ensuite, malheureusement, la temporisation du débat et son caractère public dans les pays concernés, a révélé l'état de l'Allemagne à la vue du monde entier. À présent, les créanciers privés de l'Allemagne sont tous pris de panique. Les banques américaines retirent leurs dépôts des banques allemandes. Les Allemands eux-mêmes sont en train de fuir le mark. Qu'allez-vous faire à ce sujet ? Si, après cela, vous laissez l'Allemagne chuter, il aurait été préférable de n'avoir rien fait du tout. Et si vous laissez chuter l'Allemagne, toute l'Europe peut s'écraser. »

Donc il devait y avoir un second plan Hoover pour sauver l'Europe. Le second plan décrétait que les banques américaines devaient cesser le retrait de leurs dépôts et crédits à court terme à l'Allemagne et qu'elles devaient accorder à nouveau leur argent en prêt durant une certaine période, six mois par exemple. Cela revenait probablement à 600 millions de crédits américains supplémentaires. Le coût du sauvetage de l'Allemagne fut soudainement multiplié par trois. Néanmoins, il fallait le faire et on le fit, sous la direction d'un banquier américain qui fut appelé en Europe à cette fin.

Mais qui aurait pu dire ce que valait le sauvetage de l'Allemagne, d'abord au nom du pays lui-même, et ensuite pour le bien de l'Europe ? Voilà qui n'était plus une bonne affaire ; cependant, à la pensée des énormes sommes d'argent américain investies en Allemagne uniquement, actuellement menacées de disparaître entièrement, cela pouvait bien valoir un milliard de dollars, c'est-à-dire, encore une fois, à condition d'avoir vraiment sauvé la situation. Mais l'avait-on sauvée ? Non !

Quelques jours plus tard, il était clair que tout ce que le crédit américain avait pu acheter, constituait uniquement un report du mal. La crise allemande devait encore être traitée par des méthodes radicales. Sans quoi, que se passerait-il à la fin de l'ajournement Hoover voire même avant, lorsque les remboursements de l'argent seraient à nouveau dus en Allemagne, suivant la réallocation du prêt pour six mois, par les banques américaines ? La seule solution radicale à laquelle l'Allemagne peut songer est naturellement de se débarrasser des indemnisations, puis d'emprunter plus de crédit américain. Et la seule solution radicale à laquelle tout le reste de l'Europe peut songer, c'est d'obtenir l'annulation de ses dettes de guerre américaines.

Mais on s'était à peine mis à songer à des solutions radicales qu'une autre crise s'est développée. Une ruée sur l'or aux guichets de la Banque d'Angleterre éclata sur la scène internationale. Son or commençait à s'épuiser. Que pouvait faire la Vieille Dame de Threadneedle ? Comment sauver le crédit de la Banque d'Angleterre ? Il n'y avait que le crédit américain qui pouvait le faire. Ainsi, la Banque d'Angleterre vint à New York et obtint un énorme prêt bancaire de la Réserve Fédérale.

Le crédit américain avait sauvé deux fois l'Allemagne, une fois au nom du pays lui-même, et une deuxième fois pour le bien de l'Europe, et maintenant il avait sauvé la Banque d'Angleterre, le tout en moins de trois mois. Et le coût des opérations avait été d'à peu près un milliard deux cent cinquante millions.

Qui donc aurait pu encore dire que cela n'en valait pas la peine ?

Mais à nouveau le soupir de soulagement fut interrompu. Après tout cela, survint encore une crise.

L'Allemagne n'était pas sauvée ; elle n'avait fait que flotter sur un radeau de crédits américains. L'Europe dans son ensemble n'était pas sauvée parce que l'Allemagne ne l'était pas. Et pour ces raisons, la Banque d'Angleterre découvrit immédiatement que le prêt obtenu de la Reserve Fédérale new-yorkaise n'était pas suffisant. C'est-à-dire que la Banque d'Angleterre elle-même n'était pas sauvée. Elle avait sous-estimé le montant de l'épargne nécessaire. Que faire ?

Tout le monde pensait à la même chose à la fois, comme s'agissant d'une nouveauté, et voyait la même magie, le même fluide miraculeux. Davantage de crédit américain.

Seulement maintenant, il y avait de nouvelles difficultés particulières. La première est que la Banque d'Angleterre ne pouvait pas emprunter assez. En outre, retourner si tôt à New York avec d'avantage de reconnaissances de dettes à la main ferait du tort à son crédit. Les banquiers américains pourraient hausser les sourcils. L'idée suivante est que le gouvernement britannique lui-même doit solliciter un crédit américain pour sauver la Banque d'Angleterre. La seule faiblesse de cette idée est que le gouvernement travailliste de Grande-Bretagne dans sa forme actuelle n'a pas une bonne cote de crédit. C'est un gouvernement socialiste qui a clos la comptabilité nationale dans le rouge, année après année. Il consacre tant d'argent aux régimes de prestations sociales, en particulier sous la forme d'une allocation publique de chômage, qu'il ne peut pas équilibrer son budget. Quelle impression cela fera-t-il pour le gouvernement britannique d'aller demander un crédit américain quand il dépense déjà plus que ses revenus et ne peut pas équilibrer son budget ?

Des banquiers américains avaient été sondés, en effet, pour voir s'ils avaient des objections. Ils n'avaient pas levé les sourcils, mais ils avaient dit : « Avant de vous attendre à ce que nous concédions un prêt britannique, vous devez vraiment faire quelque chose à propos de votre budget. On en parle trop. Ne pouvez-vous pas épargner, consacrer un peu moins à ces régimes sociaux méritoires et équilibrer votre budget ? Si vous faisiez cela, la discussion des chiffres rouges dans votre comptabilité nationale s'arrêterait, et il serait donc assez facile de lancer un emprunt britannique en Amérique, ou d'accorder au Trésor britannique un montant quelconque de crédits bancaires ».

Sur quoi, les Britanniques ont décidé de changer de gouvernement, ils ont adopté un programme d'économie sociale et ils ont décidé d'équilibrer leur budget. Il avait été conseillé depuis longtemps de prendre ce cours des choses indispensable. C'était l'insolvabilité du gouvernement travailliste socialiste, entre autres, qui affaiblissait le crédit de la livre sterling. Néanmoins, la tâche désagréable de la réduction des dépenses publiques fut reportée jusqu'à ce que la Banque d'Angleterre ait épuisé sa capacité d'emprunt en crédits américains sur foi de ses reconnaissances de dette. Alors il est devenu impératif pour le Trésor britannique de se présenter comme un emprunteur sachant bien se tenir.

Lorsque la nouvelle est arrivée de Londres, que les Britanniques avaient changé leur gouvernement et qu'à présent ils allaient équilibrer leur budget, les banquiers de Wall Street discutaient déjà d'un prêt à la Grande-Bretagne. « Ils ont réitéré leur disposition », a déclaré le *New York Times* le 26 Août, « en faveur d'un prêt substantiel si le nouveau gouvernement l'exige » Plus loin : « Le montant, disaient les banquiers, doit être aussi important qu'il est possible de mettre volontairement à disposition par les banques du pays et le crédit devrait courir au moins un an. Un certain nombre de banquiers estiment que la Grande-Bretagne aurait avantage à emprunter à long terme et quelques-uns d'entre eux estiment que le crédit britannique est encore assez fort pour permettre de lancer une offre publique, même dans l'état d'effondrement du marché actuel des obligations. »

Le lendemain, les nouvelles de Wall Street titraient que les négociations avaient été officiellement ouvertes, et le troisième jour il fut annoncé que les banquiers américains avaient prêté 200 millions de dollars pour une année au Trésor Public britannique.

Mais quelle fut la réaction populaire en Angleterre ? Les Américains avaient utilisé leur force de crédit pour s'immiscer dans la politique de la Grande-Bretagne, au point même de demander le renversement du gouvernement travailliste. Ce fut la réaction. Le *Daily Herald*, comme organe du Parti travailliste qui avait été au pouvoir en Angleterre, déclara : « Parmi les raisons que M. Mac-Donald avance pour imposer de nouvelles privations à la fraction la plus malheureuse de la nation, il y a la pression de l'opinion publique à l'étranger. L'opinion de qui donc ? Non pas celle des démocraties d'Europe ou d'Amérique, accablées par le chômage et la détresse pour des raisons similaires, mais celle des banquiers étrangers, qui ont énoncé les termes au gouvernement britannique, y compris les modifications à apporter au régime d'indemnisation du chômage, les termes en fonction desquels, et en fonction desquels uniquement, ils étaient prêt à apporter une aide financière à la Banque d'Angleterre. » On disait que la Banque de Réserve fédérale de New York mettait un pistolet sur la tempe de l'Angleterre.

Ce qui revenait à dire que les Américains n'avaient pas le droit de nommer les conditions auxquelles ils prêtaient leur argent pour sauver la Banque d'Angleterre ou pour sauver le crédit du Trésor britannique. Ils devaient prêter leur argent et s'occuper de leurs propres affaires.

Comment les populations arrivent-elles à ce niveau de déraison —comment le peuple Anglais y arrive-t-il, connaissant bien l'état d'esprit de créancier lui-même puisqu'il fut l'un des principaux créanciers du monde avant nous ?

Ce n'est pas simplement que les passions politiques ont altéré les faits. Bien que ceci soit exact. Mais les faits relèvent de la finance et la finance est égarée dans son propre monde. Elle ne sait ni comment aller de l'avant, ni comment retourner en arrière. Après avoir élevé la dette internationale à un nouvel ordre de grandeur, elle risque maintenant l'insolvabilité internationale dans un ordre de grandeur identique, et elle en est consternée. Elle n'a pas le contrôle des événements. La seule solution qu'elle puisse envisager, c'est d'augmenter la dette européenne, augmenter le crédit américain. De soi-même, elle ne peut pas créer plus de dette. Si les ressources du crédit privé ne sont pas tout à fait épuisées, la crédulité du créancier, elle, est sur le point de l'être. Mais on peut encore trouver des ressources subsistantes dans le crédit public de l'Europe. Sur ce point, la Finance adopte l'état d'esprit des masses dans la rue. Que le gouvernement s'en occupe. Que tous les gouvernements européens qui le peuvent, augmentent leurs dettes, pour se sauver eux-mêmes et pour se sauver mutuellement. Voilà qui est bien.

En six ou sept ans, par l'intermédiaire de la finance internationale, l'Allemagne a emprunté près de quatre milliards de dollars, dont les deux tiers à des prêteurs américains. C'était beaucoup plus que ce que l'Allemagne pouvait se permettre d'emprunter — c'est-à-dire, si elle se souciait ne fut-ce qu'un peu de sa propre solvabilité. Après avoir procuré cet argent donné en prêt à l'Allemagne et après avoir épuisé tous types de garanties collatérales allemandes, sur lesquels une apparence d'emprunt obligataire pouvait être greffée, la finance internationale en est arrivée à la conclusion suivante : « L'Allemagne doit recevoir plus de crédit, faute de quoi toute sa structure financière s'effondrera, mais si cela se produit, la finance internationale ne peut pas répondre des conséquences. Elles seront terribles. Mais l'Allemagne n'a plus aucune garantie à offrir. Par conséquent, la finance internationale ne peut pas émettre de prêt allemand supplémentaire. Cependant, si les créanciers de l'Allemagne veulent se porter collectivement garant d'une émission obligataire allemande, la finance internationale peut faire une émission de ce genre ».

On essaie de poursuivre à partir de là. Supposons que les créanciers européens de l'Allemagne, à savoir la Grande-Bretagne, la France, l'Italie, la Belgique et d'autres, doivent garantir un bon de Trésor allemand pour obtenir plus de crédit américain. Lorsque ce crédit serait épuisé, que se passerait-il ? Alors peut-être, afin de poursuivre l'octroi de prêts américains à l'Europe, devrions-nous aussi nous obliger à garantir à nos propres prêts.

Et quelle meilleure garantie que celle-là, pourriez-vous demander ? Un prêt américain à l'Europe garanti par les Américains !

Eh bien quoi ? Qu'y a-t-il de si étrange à cette idée ? Tous les emprunts de guerre américains et tous les prêts américains accordés après l'armistice en Europe, ont été garantis par le gouvernement des États-Unis. Il a emprunté les sommes d'argent sur l'émission de « *liberty bonds* » et les a garanties. Si l'Europe ne rembourse pas cette dette, le gouvernement américain le fera. Elle ne peut pas être effacée, ni annulée, ni réduite. Elle peut uniquement être transférée du contribuable européen vers le contribuable américain.

Si le prêteur américain n'est pas à considérer comme un danger menaçant la santé mentale financière du Vieux Monde, au moins il faut admettre pour sa définition qu'il constitue une énigme fabuleuse aux yeux de l'Europe.

Des économistes européens critiques disent que nous sommes les pires prêteurs du monde, parce que nous prêtons impulsivement, d'une manière émotionnelle, téméraire et non systématique. C'est exact. Il est vrai que comme prêteurs, tout bien considéré, nous paraissons incompréhensibles à nous-mêmes et aux autres. Au-delà de toutes les considérations d'ordre économique ou financier, il existe la contrainte de ce sentiment étrange que nous sentons peser sur nous en permanence, de devoir sauver l'Europe.

Ce sentiment s'est emparé de nous fermement pendant la guerre. Il nous a attiré dans la guerre-même. Nous allions sauver l'Europe de l'Allemagne, le peuple allemand des Hohenzollern, les petites nations des grandes, tous les peuples de l'Europe de la malédiction de la guerre, pour toujours. D'autres motifs existaient, à n'en pas douter. Nous avions de l'argent investi du côté des Alliés, ce qui par les critères de mesure que nous utilisons maintenant, représentait très peu de chose. Nos sympathies allaient aux Alliés. Nous avons détesté la façon dont les Allemands ont fait la guerre. Certains d'entre nous ont peut-être eu un peu peur d'une Europe allemande. La propagande alliée avait fait usage de grands moyens pour nous impliquer. Toutefois pour tout ce que cela valait, nous n'aurions jamais pu y aller sans les symboles émotionnels de l'esprit, qui en firent une croisade.

Une guerre pour mettre fin à la guerre. Où ça ? En Europe. Une guerre pour donner au monde la sécurité nécessaire à la démocratie. À quel endroit la démocratie était-elle censée être en danger ? En Europe. Une guerre de libération des nationalités opprimées. Où ça ? En Europe. Pas une guerre contre les Allemands, nous avons dit que nous n'avions aucun désaccord avec le peuple allemand, mais une guerre pour délivrer celui-ci de la tyrannie de ses propres mauvais seigneurs de guerre. Et ceci ne nous concernait d'aucune manière réaliste.

Les nations alliées ne s'intéressaient pas à nos constructions de l'esprit, ou, le cas échéant, elles étaient intéressées que par une seule de ces considérations, car elle les inquiétait, et c'était l'idée de sauver le faible du fort, autrement dit, le droit à l'auto-détermination pour les petites gens. Les Alliés ne se souciaient pas de ce que nos motivations pouvaient être. Nous pouvions être aussi romantiques que nous le voulions, tant que nous arrivions de leur côté, car à défaut de cela, la guerre était perdue. Eux-mêmes ne luttaient pas pour donner au monde la sécurité nécessaire à la démocratie, ni pour mettre fin à la guerre pour toujours, ni pour libérer le peuple allemand, ni pour mettre le destin dans les mains de petites gens ; ils se battaient pour battre l'Allemagne, et avec l'aide américaine, ils l'ont battue en effet. Aucun des objectifs pour lesquelles nous pensions nous battre ne fut réalisé. Ce qui a survécu était un sentiment persistant de devoir sauver l'Europe.

Nos propres efforts dans une guerre dont nous aurions beaucoup mieux fait de rester à l'écart, nous ont coûté vingt-cinq milliards de dollars. Ensuite, s'ajoutant à cela, nous avons prêté à nos propres partenaires plus de dix milliards de dollars venant du Trésor Public des États-Unis. Les prêts à destination de l'Europe, à partir du Trésor Public des États-Unis, ont cessé avec les emprunts succédant à l'armistice. Puis, c'est le prêt privé qui a commencé, prêt accordé par des banques américaines et des investisseurs américains. Comptant nos propres dépenses de guerre directe, les emprunts de guerre, les prêts postérieurs à l'armistice, et en outre le prêt privé depuis lors, l'Europe nous a coûté plus de quarante milliards de dollars en moins de quinze ans.

Cette somme aurait représenté un cinquième de la richesse nationale totale de l'année 1914.

Qu'on écarte le coût de nos propres efforts de guerre. Passons
les emprunts de guerre par le Trésor des États-Unis aux Alliés
sur les revenus des « *Liberty Bonds* ». Disons que, dans ces circonstances, nous avions eu l'obligation morale de les accorder,
que l'on puisse ou non jamais s'attendre à la moindre chose en
retour. Passons également sur les prêts accordés après l'armistice,
provenant du Trésor américain et destinés au déblaiement des
ruines en Europe. Ce sont les dettes de guerre pour lesquelles
nous sommes maintenant détestés en Europe et qui vont s'avérer
n'avoir que très peu de valeur, sans aucun doute. Si le Trésor
américain chargeait Wall Street de vendre les obligations à long-
terme qu'il a échangées avec les Alliés à la place de leurs billets à
ordre, ce serait une aubaine s'il pouvait encore en tirer vingt cents
pour un dollar.

Alors considérons uniquement la dette privée, c'est-à-dire le
crédit américain accordé depuis la guerre par les banques américaines et les investisseurs américains à l'Europe. Toutes les conditions d'emprunt étaient d'ordre financier. Compte tenu de la
nature égoïste de la finance, on peut donc se demander concernant cette dette privée, soit les cinq ou six milliards de crédit
américain qui ont été déversés en Europe au cours des huit dernières années, ce que nous y avons gagné.

En tout cas, pour commencer, ni l'amitié, ni la bonne volonté
de l'Europe. Au contraire, nous avons inspiré à nos débiteurs en
Europe un état d'esprit détestable envers nous-mêmes. Ceci est
une chose inévitable direz-vous, compte tenu de l'état de la nature humaine ; les créanciers doivent s'y attendre et le prendre en
compte. Mais ce qui la rend bien pire en Europe et lui confère un
sinistre poids politique, est la manière partiale dont elle est ex-
ploitée, non seulement par la presse et les politiciens, mais par
des hommes d'État responsables, par les ministres des Finances
qui n'arrivent pas à équilibrer leurs budgets, par les gouvernements quand il est nécessaire d'augmenter les impôts.

L'Allemagne dit à sa population, que si elle n'avait pas à payer
les indemnisations — appelés tributs — aux nations alliées, alors
les salaires allemands augmenteraient, les impôts allemands bais-

seraient, la pauvreté allemande disparaîtrait, alors le soleil allemand se lèverait.

Les nations autrefois alliées disent à l'Allemagne combien elles sont désolées ; qu'elles pourraient renoncer aux indemnisations si elles n'avaient pas à payer leurs dettes de guerre au Trésor des États-Unis, qu'elles pourraient en tout cas les annuler en grande partie, peut-être pour les deux-tiers. Toutefois, elles n'arrêtent pas de répéter à leur propre population, que les problèmes se sont accumulés sur leurs épaules à cause de l'obligation de verser des sommes énormes chaque année au Trésor Public des États-Unis, au titre de leurs dettes de guerre. Le fait qu'elles récoltent auparavant ces sommes auprès de l'Allemagne à titre de dédommagement, n'est guère mis en évidence. Et le fait qu'il n'y ait pas eu un seul paiement effectué jusqu'à présent, à titre de dédommagement ou de dettes de guerre, qui n'ait pas lui-même bénéficié de crédits américains, ne les intéresse pas du tout.

Les prêts américains à l'Allemagne lui ont permis de payer les dédommagements. De ces dédommagements provenant d'Allemagne, les autres tirent leurs remboursements annuels de leurs dettes de guerre au gouvernement américain. Tout ce que nous avons reçu en retour d'Europe jusqu'à présent était notre propre argent, la moindre part pour l'intérêt, ceci revenant à très peu de chose. Mais si vous en parlez à un européen, si vous en parlez même à un de ceux qui en ont conscience, il est offensé. Très peu d'entre eux en ont vraiment conscience, d'ailleurs ; il est plus aisé de croire ce qu'ils entendent de la bouche de ceux qui exploitent l'état d'esprit du débiteur.

Pendant longtemps, on a supposé que le ressentiment européen faisant de l'Amérique une nation de Shylock[2] était dû à la nature-même de la dette — c'était une dette de guerre ; elle avait un caractère public. Assurément, il ne pourrait y avoir un tel ressentiment déraisonnable concernant une dette envers les créanciers privés. C'est ce que nous avons dit, et en le disant, nous avons continué d'accorder les crédits américains en Europe, jusqu'à ce que le poids de la dette privée dépasse celui de la dette de guerre. Rien qu'en raison de son ampleur, cette dette privée

---

[2] L'usurier inhumain dans *Le Marchand de Venise* de Shakespeare

commence maintenant à revêtir un caractère public, et comme elle devient publique, le même sentiment populaire d'irritation commence à croître ; il est dirigé contre nous. Pourquoi les Américains sont-ils si riches ? Où trouvent-ils tout ce crédit ? Ont-ils l'intention d'asservir le monde avec leur or ?

Voici les suites que la finance internationale ne peut pas anticiper. Quand elle vient soudain à la fin de ses propres ressources, comme c'est arrivé en 1931, elle doit faire appel à l'intervention du gouvernement ; après cela, tous les discours sur le maintien de la finance hors du champ de la politique, sont de pures absurdités.

La véritable crise est survenue en Allemagne l'été dernier, quand toutes les nations avaient été soulagées de leurs dettes de guerre pour un an, dans le cadre du premier plan Hoover. C'est au sujet de la solvabilité de l'Allemagne à l'égard de sa dette à des créanciers privés, qu'une conférence des premiers ministres de sept grandes puissances a eu lieu à Londres en Juillet. Là-bas, les États-Unis furent représentés par le Secrétaire d'État américain et le secrétaire américain au Trésor. Ainsi le second plan Hoover en est sorti, pour préserver l'Allemagne d'avoir à faire défaut sur sa dette, pas celle due à d'autres gouvernements, mais celle due à des créanciers privés. La finance internationale ne contrôlait plus la situation ; par conséquent, les gouvernements ont été obligés d'intervenir.

Plus tard, lorsque les Britanniques ont dû changer leur gouvernement pour obtenir des crédits américains afin de sauver la Banque d'Angleterre, une transaction financière avec les créanciers privés pris à nouveau un caractère public. Le gouvernement britannique emprunta de l'argent, non pas auprès du gouvernement américain, mais auprès des banquiers américains. Néanmoins, comme les banquiers américains avaient stipulé que les dépenses publiques devaient être réduites en Angleterre et que le budget britannique devait être équilibré, il a semblé possible, même vraisemblable, que le Parti travailliste britannique dise des Américains qu'ils avaient exercé leur pouvoir fiduciaire colossal pour détruire le gouvernement travailliste de Grande-Bretagne ; il y a des centaines de milliers de chômeurs en Angleterre qui verront les banquiers américains comme les responsables de la diminution de leur allocation hebdomadaire sur les fonds publics britanniques.

Une dette internationale privée est facile à définir ; cela représente l'emprunt par des personnes privées basées dans un pays, contracté auprès de personnes privées dans un autre. Pareillement, il est également facile de définir une dette internationale publique ; c'est une dette contractée par un gouvernement auprès d'un autre. Mais la dette peut être privée d'un côté et publique de l'autre, comme lorsque le gouvernement d'une nation emprunte auprès d'organismes prêteurs privés dans une autre nation. Mais en admettant que ce soit strictement une dette privée, due par les ressortissants d'un pays aux ressortissants d'un autre, pourvu qu'elle devienne tellement énorme qu'elle mette en danger la solvabilité économique et la liberté du peuple débiteur, ou qu'elle grandisse au point de peser de manière défavorable sur leurs relations économiques, la voilà qui revêtira un caractère public, et les conséquences politiques en résulteront obligatoirement.

Nos prêts à l'Europe sont de toutes espèces. Ils représentent les emprunts des gouvernements européens contractés auprès du gouvernement américain, ils représentent les emprunts des personnes et des organismes privés en Europe contractés auprès de prêteurs privés américains. Ils représentent aussi des emprunts contractés par les gouvernements européens et les municipalités auprès de créanciers privés américains. Ces distinctions prennent de moins en moins d'importance, car de plus en plus, cet aspect particulier d'un prêt est remplacé simplement par celui d'un grand corps de dettes américaines. Les simples implications politiques de ceci comme dette, nous prennent au dépourvu.

En Septembre 1931, dans un numéro de la *Revue des Deux Mondes*, M. Henri Bérenger, ancien ambassadeur français aux États-Unis et co-auteur de l'accord Mellon-Bérenger concernant le financement de la dette de guerre entre la France et le gouvernement américain, publie un essai dans le style raffiné de la logique française, sur ce qui est arrivé à la politique étrangère des mêmes Américains. Depuis 145 ans, ils avaient fondé leur politique étrangère sur le discours d'adieu de Washington adressé au Congrès américain. Les mots n'étaient guère nombreux. Aucune immixtion à l'étranger. Woodrow Wilson fut le premier président à prêcher une autre doctrine, mais les Américains l'ont rejeté, lui et sa doctrine. Par la suite ils se sont contentés d'envoyer des observateurs officiels siéger dans les conseils de l'Europe. « À présent, dit M. Bérenger, le président Hoover adresse ses messages au monde et envoie son Secrétaire au Trésor et son Secrétaire d'État dans des négociations avec les ministres européens. C'est arrivé après la proclamation présidentielle initiale du 20 Juin, qui à toutes fins utiles était une déclaration d'immixtion. Qu'a-t-il bien pu se passer de l'autre côté de l'Atlantique pour, au surplus, rendre populaire une telle dérogation à la doctrine Washington ? »

Il répond à sa propre question en disant : « Pendant sept ans, les banquiers américains ont été engagés dans l'immixtion des États-Unis en Europe... En effet, le système de l'acier et celui de l'or, dont l'Amérique a équipé Europe, a été d'une telle puissance qu'il se retrouve entravé par son propre poids. Un accident à Berlin est immédiatement ressenti à Washington et chaque panique à Francfort provoque des tremblements dans Wall Street. Lorsque la crise s'aggrave et s'étend à la City de londrès, les États-Unis sont tellement empêtrés, qu'ils risquent de s'étrangler. »

Les Français le voient bien. En moins de dix ans la finance a accompli une chose dont l'idée avait été rejetée par le peuple américain depuis un siècle et demi, à savoir le fait de s'immiscer à l'étranger.

Comme nos prêts à l'Europe ne nous valent aucune amitié mais seulement de plus en plus d'aversion et comme ils nous ont piégés dans un enchevêtrement à l'étranger contraire à notre sagesse naturelle, la question nous revient sans réponse. Qu'en retirons-nous en fin de compte ?

Pour ce qui est de la voix du commerce extérieur, elle dit : « Mais nos prêts à l'étranger ont réellement développé notre commerce d'exportation. Nos prêts à l'Europe lui ont permis d'acheter chez nous de grandes quantités de marchandises qu'elle n'aurait pas pu acheter autrement. Ils ont permis de faire tourner nos usines, ils ont maintenu notre propre main-d'œuvre au travail. » Ceci est exact, c'est ce qui s'est passé pendant un certain temps. Il n'existe probablement pas de point au-delà duquel on ne puisse encore dilater le commerce d'exportation aussi long-temps que l'on prête aux gens l'argent nécessaire à acheter des marchandises que l'on exporte. Mais en quoi est-ce une bonne affaire, quand après avoir prêté de l'argent à ses clients étrangers pour les acheter, et surtout, dès la disparition de ces marchandises, on commence à se demander si l'on va jamais obtenir le moindre remboursement de la créance, à moins de prêter à nouveau l'argent pour se payer, à moins de libérer ces clients de ce qu'ils doivent. Si ceci constitue une affaire, alors le bon sens est de l'absurdité et alors on peut dire que la finance internationale garde en elle-même le secret de la sagesse.

Une autre voix se fait entendre, disant : « Mais rappelez-vous que le monde moderne constitue un seul et unique lieu. Aucune nation ne peut jouir de la prospérité isolément, même pas la nôtre. Une Europe sortant de la guerre ahurie relevait bel et bien de l'intérêt d'un pays qui disposait de ressources épargnées... Cela suffisait amplement pour mettre le crédit américain à la disposition de l'Europe. Outre qu'il était de notre devoir moral de le faire, il aurait été même sensé de le faire en obéissant à un principe d'égoïsme éclairé. »

Cette pensée de raffinement et d'excellence, dénote une harmonie à laquelle le monde n'est pas prêt à participer. La probabilité est forte, tout d'abord, que l'idée sera adoptée différemment de part et d'autre. Adoptée par les prêteurs avec un certain enthousiasme et par les emprunteurs avec un autre. Les transactions entre eux ne seront donc pas régies uniquement par les règles de prudence, de jugement et de responsabilité morale. Lorsque par ailleurs, on parle de prêter comme d'un devoir moral, qu'est ce que cela signifie ? Et comment doit-on de ce fait aborder le contrat ? Il existe en outre le danger que la pensée se dénature au point de conclure qu'une nation riche, seulement du fait qu'elle est plus riche que les autres, est obligée de disperser son excédent parmi les envieux et les moins fortunés. Cette idée, en effet, a été soutenue par de nombreux savants européens de l'économie politique. Mais ceux-ci ne voient pas, ou ils ne se soucient pas de ce que l'emprunt international tend ainsi à devenir téméraire et irresponsable, et surtout, de ce qu'il prenne ainsi une forme, évoquant la conception ancienne d'un pillage.

CHAPITRE IV
LE SAUVETAGE DE L'ALLEMAGNE

La guerre dure depuis seize ans.

La culpabilité allemande a été un mensonge.

Le traité de Versailles est le crime majeur de l'histoire moderne.

Les indemnisations sont un tribut.

En 1917, l'Amérique a rejoint les Alliés contre l'Allemagne parce que son argent se trouvait par hasard de ce côté

Entre les nations, la débitrice est bien précieuse à la créancière.

Le report de la dette selon le plan Hoover en 1931, servait à protéger deux milliards de dollars américains en Allemagne ; pour l'instant l'Amérique ne peut qu'être l'amie de l'Allemagne en politique, par ce que l'Allemagne est sa débitrice.

— EXTRAITS DE PAROLES COURANTES EN ALLEMAGNE

Une fois de plus, pour la troisième fois, l'Allemagne menaçait de couler dans la mer de l'insolvabilité avec tous ses créanciers à bord ; à nouveau ; ce furent les créanciers qui se démenèrent frénétiquement à la pompe. Leur inquiétude était plus grande que celle de l'Allemagne même. Pourquoi ? À cause du fait étonnant que dans cette mer, seuls les créanciers peuvent se noyer.

Si l'Allemagne s'enfonce elle se relèvera de nouveau, allégée par la perte de ses créanciers. Par deux fois les créanciers, incapables de la garder autrement à flot, ont jeté de grands paquets de dette par-dessus bord. Ce fut facile à faire la première fois, parce que la dette n'était que politique. Cela s'appelait indemnisations. Mais maintenant, dans cette troisième crise, il y a deux types de dettes et deux types de créanciers à bord, tous devant le même dilemme. Il y a ce qui a survécu de la dette de l'indemnisation originale, et il y a maintenant en outre, une énorme dette privée, due non pas par le gouvernement allemand à d'autres gouvernements, mais due par le gouvernement allemand, par tous les États allemands, par les municipalités allemandes, par les banques allemandes, par l'industrie allemande, à des prêteurs privés dans le monde entier. C'est une nouvelle dette, créé dans les six ou sept dernières années. Le montant de celle-ci est de près de quatre milliards de dollars. Environ les deux tiers sont dus à des banques américaines, des investisseurs américains, des prêteurs américains.

Une qualité, de cette importante dette privée, c'est aux yeux de l'Allemagne qu'elle peut la mettre en jeu contre la dette politique.

Tandis qu'elle regarde ses créanciers travaillant à la pompe, elle n'arrête pas de dire : « Jetez le reste de la dette des indemnisations par-dessus bord. C'est ce qui nous fait couler. Jetez-là et le reste va flotter. »

Ensuite, seulement à l'intention de ses créanciers privés, elle dit : « Ne voyez-vous pas comment vous pouvez vous sauver ? Il suffit de vous joindre à nous et nous allons nous débarrasser entièrement de la dette des indemnisations. Nous vous assurons que le reste va flotter. »

Cette suggestion tend à diviser les créanciers et ils commencent à se quereller entre eux. Mais ils ne peuvent pas être sûrs de ce qu'une fois la dette d'indemnisation larguée, le reste flottera. Ils ne sont sûrs de rien à propos de l'Allemagne. Ainsi, dans leur frustration, ils nomment un comité international d'experts pour examiner le navire à la fois du point de vue allemand et de celui des créanciers, pour les concilier et dire quel fardeau de dette le navire peut se permettre de charger — peut vouloir charger, en ce qui concerne l'Allemagne.

Le premier comité international d'experts avait dû travailler sous une cloche de plongée. L'Allemagne à l'époque, soit en 1924, était totalement immergée. En faisant gonfler sa monnaie jusqu'à ce qu'elle soit sans valeur, elle avait fait acte d'insolvabilité nationale complète, interne et externe. Rien de tel ne s'était jamais produit auparavant. Néanmoins, les experts avaient trouvé le navire lui-même assez solide et l'avaient signalé. Tout ce qu'il fallait pour le faire flotter à nouveau c'était une marée de confiance. Une fois à flot il pourrait porter un fardeau de dette d'indemnisation de 625 millions de dollars par an.

Ce fut le plan Dawes, et pour le faire fonctionner, le gouvernement allemand emprunta pour commencer 200 millions de dollars-or à la Grande-Bretagne, à la France et aux Etats-Unis. Aussitôt après, l'Allemagne dans son ensemble se lança dans une entreprise d'emprunt étonnante et téméraire, ne correspondant à rien de ce qui s'était jamais passé auparavant dans l'histoire de la finance internationale, à l'exception cependant de sa précédente entreprise en déconfiture par inflation. Telle était donc l'origine de la dette privée.

Cinq ans plus tard, le plan Dawes coulait le navire. La somme de 625 millions de dollars par an était une affaire désastreuse en elle-même, mais ce qui la rendait bien pire était le fait que le plan Dawes ne disait pas pour combien d'années cette charge devait être supportée. Il n'avait pas fixé le solde global des indemnisations à payer, seul le montant annuel à calculer. À moins que les créanciers ne se mettent d'accord pour fixer un total, de sorte que l'Allemagne puisse tout de même envisager la fin des indemnisations, elle ne pouvait rien faire d'autre que s'adonner au désespoir et couler à nouveau.

Ensuite, un deuxième comité d'experts internationaux fit l'analyse de ses ressources pour conclure qu'elle ne pouvait se permettre de payer que 400 millions de dollars. C'était le plan Young ; s'engageant à faire marcher ce plan, le gouvernement allemand emprunta 300 millions de dollars en Grande-Bretagne, en France, et aux États-Unis, afin de lancer une deuxième procédure d'exécution.

Mais avant que le plan Young n'ait commencé à marcher, l'ancien chef de la Reichsbank (Ndlt : Hjalmar Schacht) et d'autres Allemands sonnèrent à toutes les portes de par le monde, répandant cette authentique propagande que les indemnisations menaient encore toujours l'Allemagne à sa ruine ; qu'à moins d'être délivrée de ce fardeau, elle devrait sûrement couler et que si une seconde déclaration officielle d'insolvabilité nationale telle que celle qui avait précédé le plan Dawes était la seule façon de s'en sortir, alors celle-ci, malgré toutes ses craintes, pourrait apparaître comme le sacrifice allemand le moins pénible.

Il est étrange de se rappeler que malgré cette propagande qui se diffusait toujours davantage, l'Allemagne pouvait continuer à emprunter de l'argent à l'étranger, sur une échelle de grandeur jamais vue jusque-là. Les investisseurs américains ont continué d'acquérir des obligations allemandes parce que les taux d'intérêt étaient élevés, les banques américaines ont continué de mettre leurs fonds excédentaires en dépôt dans les banques allemandes pour la même raison. Ils ont tous dit : « Bah, ce n'est que de la propagande politique concernant les indemnisations. Cela n'a rien à voir avec le financement privé ou les investissements privés. » Personne ne pouvait s'imaginer que les Allemands attaquent leur propre crédit et passent réellement à l'action ; ou penser qu'un deuxième acte de faillite nationale soit possible. C'était un peu comme l'ultimatum donné avant de couler le Lusitania (Ndlt : 1915). Il était là, froid et authentique, et personne n'y croyait.

Soudain, en Juin 1931, le sacrifice le moins lourd était toutefois devenu imminent. L'Allemagne était au bord de la faillite nationale, et elle appelait ses créanciers à reporter leurs exigences et à la préserver de cette catastrophe. Sa structure financière dilatée était sur le point de s'effondrer. La Banque du Reich était sur le point de fermer. Dans ce cas, elle serait naturellement obligée de faire défaut sur l'ensemble de sa dette extérieure, à la fois publique et privée ; et la dette privée, n'étant pas due à des gouvernements, mais à des investisseurs étrangers et des banques étrangères, avait atteint le total prodigieux de près de quatre milliards de dollars. La finance internationale pouvait-elle se permettre de laisser cela se produire ? Les créanciers de l'Allemagne n'avaient-ils pas l'obligation dans leur propre intérêt, de venir à son secours ?

Le pays montrant le plus de compassion parmi les créanciers de l'Allemagne était la Grande-Bretagne ; non pas parce qu'elle avait plus à perdre que tout autre pays — elle avait beaucoup moins de fonds en danger que les États-Unis — mais pour d'autres raisons complexes. Chaque jour de juin, la direction de la Banque d'Angleterre avait New York au téléphone pour expliquer aux banquiers américains à quel point la situation allemande était désespérée, combien elle empirait quotidiennement, et pourquoi il incombait aux États-Unis de prendre des mesures capitales. Seuls les États-Unis avaient les ressources nécessaires pour sauver l'Allemagne. L'Angleterre, prise isolément, était incapable d'empêcher la catastrophe. La France était incertaine. Les

États-Unis devaient agir dans leur propre intérêt. Car supposons en effet que l'Allemagne fasse défaut. Que se passerait-il pour les banques américaines dont d'énormes sommes étaient en dépôt dans les banques allemandes ? Et qu'arriverait-il aux obligations allemandes qui avaient été vendues à des banques et des investisseurs privés partout aux États-Unis ? Qu'adviendrait-il des banques américaines ayant ces obligations allemandes dans leurs réserves d'investissement ? Quand ce n'était pas la direction de la Banque d'Angleterre qui appelait New York, c'était le gouvernement britannique qui appelait Washington pour expliquer la même chose.

Telles étaient les circonstances dans lesquelles le président Hoover proposa un report de la dette internationale. Pas d'indemnisation de l'Allemagne au profit des anciens alliés, aucun paiement à effectuer par l'Europe sur la base des dettes de guerre au Trésor des États-Unis, pour une période d'un an. Cela équivalait à consentir un prêt de 400 millions de dollars à l'Allemagne. C'est le montant qu'elle aurait autrement eu à payer à titre d'indemnisation. Et en dehors de cet effet, la finance internationale consentait simultanément un prêt direct de 100 millions de dollars à la Reichsbank allemande pour répondre à toute situation d'urgence. Ce furent la Banque de la Réserve Fédérale de New York, la Banque d'Angleterre et la Banque de France qui fournirent l'argent. Ce jour-là, la finance internationale poussa un grand soupir de soulagement. La faillite de l'Allemagne, rien de moins, avait été évitée. Pendant plusieurs jours, il y eut une hausse des prix des obligations allemandes, des titres de toutes les sortes, même des matières premières, dans le monde entier.

Ce qui suivit immédiatement fut une fuite tête baissée hors du mark allemand. Les banques privées en Angleterre, en France, en Hollande, en Suisse et aux États-Unis qui avaient placé leur argent dans les banques allemandes, parce que les taux d'intérêt étaient élevés, étaient, réflexion faite, plus soucieuses que jamais de ramener à demeure leurs dépôts, car après tout, une année était vite passée, et personne ne savait ce qui se passerait à la fin du moratoire.

Mais ce n'était pas tout. Les Allemands fuyaient eux-mêmes le mark. Ils avaient doucement essayé de l'esquiver depuis un an ou

plus. Ils commencèrent à le fuir. Ils retirèrent des marks allemands à la Reichsbank et achetèrent des dollars à New York, des
livres sterling à Londres, des francs français à Paris. Cela pouvait
se faire par l'intermédiaire du mécanisme de change international,
et quand ils avaient échangé leurs marks à la Reichsbank pour
des dollars payables à New York, des livres sterling payables à
Londres et des francs payables à Paris, ils n'avaient plus qu'à
télégraphier à New York, à Londres et à Paris de leur garder
en dépôt les dollars, les livres sterling et les francs. Les Allemands qui étaient incapables de convertir leurs marks allemands
sur des dépôts bancaires en devises étrangères par le mécanisme
du change, ont trouvé des moyens simples pour s'en débarrasser.
Par exemple, ils allaient à la frontière la plus proche et réglaient
avec le plus gros billet de banque en mark allemands un petit
billet de chemin de fer, ne s'intéressant pas au petit voyage à
l'étranger, mais au change restant en florins ou en francs suisses,
et à son stockage.

Le moratoire de la dette Hoover pris effet le 30 Juin, et
l'Allemagne avec 400 millions de dollars de moins à payer et 100
millions de dollars de nouveau crédit emprunté en même temps,
se retrouvait avec un demi-milliard de pris. Néanmoins, dans les
dix jours qui suivirent, Dr. Luther, le chef de la Reichsbank allemande (Ndlt : succédant à Schacht), se mit à parcourir toute
l'Europe en avion, allant jusqu'à Bâle, jusqu'à Paris, jusqu'à
Londres, en expliquant que l'Allemagne devait avoir immédiatement un prêt d'un demi-milliard de dollars supplémentaires. Tout
le bénéfice du plan de vacances de la dette Hoover avait été englouti par la fuite hors du mark allemand, et les difficultés financières de l'Allemagne étaient bien pires qu'avant. Le sacrifice allemand le moins pénible, c'est-à-dire, la faillite de l'Allemagne,
était maintenant vraiment imminent.

La Finance internationale était horrifiée. Quand tout ceci fini-
rait-il ? Les Allemands propulsant leur propre argent hors d'Allemagne et l'Allemagne dans le même temps implorant ses créanciers de la renflouer davantage, pour la sauver et pour se sauver
eux-mêmes !

« Il s'agit d'une passoire », disaient les Français. « Une passoire
parfaite. En outre, c'est très probablement un piège. Est-ce que

l'Allemagne s'imagine qu'en menaçant de répudier ses dettes, elle peut obliger ses créanciers à continuer d'en apporter de plus en plus, avec comme seul but d'obtenir un revenu fixe ? »

Les Français étaient dans une position très forte, beaucoup plus forte que les Anglais. La Banque d'Angleterre perdait de l'or depuis longtemps et elle était très inquiète à ce sujet, tandis que la Banque de France possédait le deuxième fonds le plus important au monde et il augmentait régulièrement. Les Français savaient très bien que l'idée d'un autre grand emprunt international pour l'Allemagne serait un échec s'ils refusaient de la soutenir. Ainsi ils déclarèrent : « Fort bien. Nous allons envisager de participer à un autre prêt international à l'Allemagne, à condition que les Allemands se comportent comme des débiteurs devraient le faire. Des débiteurs ne doivent pas cultiver un esprit militariste vis-à-vis de leurs créanciers. Par conséquent, que les Allemands mettent à pied leurs Casques d'Acier[1], qui symbolisent à nouveau l'ancien esprit militaire. Qu'ils arrêtent de dépenser l'argent de leurs créanciers pour ce qu'ils appellent des cuirassés de poche, lesquels sont en réalité des armes navales formidables. Qu'ils annulent leur union avec l'Autriche, qui est contraire au traité de Versailles (Ndlt: le projet d'union douanière de 1931) ».

Sur ce, le Dr. Luther retourna à Berlin dans son avion. Il ne représentait que la Reichsbank allemande, et personne d'autre au sein du gouvernement allemand ; il n'était donc pas compétent pour discuter de questions politiques.

À son retour, une complainte amère déchira le silence en Allemagne. La guerre encore ! Les Français à nouveau ! Ils profitent des besoins désespérés de l'Allemagne pour faire des demandes politiques humiliantes. Après avoir démoli le plan Hoover, en mettant tant de difficultés sur son chemin que l'effet général en a été perdu, ils utilisent maintenant leur puissance financière pour forcer l'Allemagne à l'esclavage économique.

Les Anglais, redoutant un effondrement des structures financières européennes plus que tout autre pays, donnèrent leur bé-

---

[1] NDR : le plus important corps francs paramilitaire d'après-guerre, aussi appelé « Ligue des soldats du front », comptant plus d'un demi-million de membres en 1930.

nédiction à ces propos. Ils proposèrent une conférence des premiers ministres qui devait se tenir à Londres, et persuadèrent le chancelier allemand de passer par Paris, de s'y arrêter et d'y user des meilleures manières allemandes susceptibles de faire plier l'implacable nature française. Le chancelier allemand s'y rendit, emmenant avec lui son ministre des affaires étrangères et un corps d'éminents experts. Les Français les reçurent à la gare de chemin de fer sous une arche de fleurs. Toute personne qui comprend ne fut-ce qu'un peu les Français, sait bien ce que cela signifiait. Cela signifiait que les Français étaient dans une disposition d'esprit rationnelle. Lorsque les embrassades furent terminées, ils s'estimèrent radicalement dégagés de toute obligation de prendre en considération des opinions différant de leur propre point de vue.

Pourtant, ce que les Allemands disaient, suffisait à glacer le sang de la finance internationale. Ils disaient que l'Allemagne n'avait pas de plan de sa propre conception à proposer. Elle ne pouvait que présenter les faits. Il revenait à ses créanciers de considérer les faits et de décider ensuite s'il fallait sauver l'Allemagne pour se sauver eux-mêmes. Les Allemands expliquaient qu'il s'agissait non seulement de leur dette politique, c'est-à-dire des indemnisations à cause desquelles ils étaient obligés de trouver 400 millions de dollars par an ; ils pensaient encore davantage à la nouvelle dette privée de l'Allemagne, représentant désormais près de quatre milliards de dollars. Il s'agissait d'argent que l'Allemagne et ses ressortissants avaient emprunté durant six ans sous forme d'obligations, de billets à ordre, de lettres de banques à court terme, vendus aux investisseurs privés en Amérique, en Angleterre, en France, en Hollande, en Suisse, en Scandinavie et ailleurs, et davantage aux Américains qu'à n'importe qui d'autres. Ceci constituait en grande partie ce que l'on appelle le crédit à court terme, c'est-à-dire, des prêts sur de courtes périodes tels qu'ils « peuvent être renouvelés, encore et encore si le ciel reste bleu », mais qui peuvent aussi « être en une fois désavoués, au premier signe de mauvais temps ». Il avait été dangereux d'emprunter tant de crédit à court terme. Ils admirent qu'ils le savaient depuis le début. Une grande partie de ces crédits à court terme avait été dépensée imprudemment, parfois de façon extravagante même. Ils le savaient également, l'admettant comme un fait accompli. Néanmoins, il fallait faire face à la réalité. À présent, beaucoup de ceux qui avaient prêté cet argent à l'Allemagne résiliaient les prêts afin de récupérer les fonds. Mais après avoir dépensé l'argent, comment l'Allemagne aurait-elle pu le rendre, ou en tout cas, rendre tout à la fois ? C'était dû et remboursable, oui. Les créanciers étaient en droit de le réclamer. Mais ils adressaient leur réclamation à la profondeur béante de dix mille caisses allemandes vides. S'ils insistaient, il ne resterait qu'une seule chose à faire pour l'Allemagne. C'était d'avouer sa faillite et de traiter l'ensemble de ses créanciers à la même enseigne. Ce n'était pas le problème de l'Allemagne en réalité. C'était un problème qui devait être résolu par la finance internationale. La seule façon pour les créanciers d'obtenir l'intérêt ou le capital de l'Allemagne, ou d'obtenir pareillement les indemnisations, était de continuer à lui prêter l'argent pour les payer.

À ce stade du discours allemand, la finance internationale a commencé à frissonner. Pendant six ans, elle avait déversé de l'argent dans le Trésor Public allemand, dans l'industrie allemande, dans les banques allemandes, sans cesser de dire : « Si le monde attend de l'Allemagne qu'elle paye des indemnisations, il doit prêter ces énormes capitaux pour développer son économie interne. » Maintenant, l'Allemagne disait à ses créanciers : « Si vous vous attendez à être payés, vous devez nous prêter de l'argent pour vous payer. Pour préserver vos investissements vous devez préserver l'Allemagne d'abord. »

Et de quoi l'Allemagne devait-elle être préservée ? D'abord et toujours des indemnisations.

Mais les Allemands n'en avaient pas terminé. Ils poursuivirent leurs explications selon lesquelles, à moins que la finance internationale ne vienne à la rescousse de l'Allemagne avec un nouveau prêt énorme, elle devrait aussi s'attendre, premièrement, à une éclipse totale de la solvabilité allemande envers le monde extérieur. Et ensuite, à quoi ? Ensuite le communisme, une Allemagne rouge et tout ce que cela aurait comme conséquence sur la paix et le confort de ses voisins. Et supposons que cela n'arrive pas. Supposons que pour son propre salut, elle puisse éviter de devenir rouge au sens politique. S'il devenait néanmoins nécessaire pour l'Allemagne de se préserver faute d'accès au crédit, elle se verrait obligée de passer au rouge au sens économique. Elle savait comment se sauver. Elle n'avait plus qu'à oublier ses créanciers, oublier les règles du capital, oublier le système au moyen duquel la finance internationale a essayé de soutenir un régime de capitalisation élevée, et tout simplement inonder les marchés du monde de quantités illimitées de marchandises allemandes à bas prix.

Voilà les affaires auxquelles la conférence des Premiers Ministres avait dû faire face à Londres.

Tout d'abord, dans son aspect manifeste, une Allemagne qui coulait — coulant faute d'obtenir un emprunt international pour se maintenir à flot. Un prêt international devrait normalement être l'affaire de banquiers internationaux, à évaluer sur ses mérites. Mais la finance internationale avait alors pratiquement perdu confiance. L'Allemagne avait créé une situation dépassant de loin ses ressources, son expérience ou son imagination. La finance internationale n'est pas une banque, pas un stock d'or, c'est un mécanisme. Elle serait bien assez disposée à prendre des obligations allemandes pour un demi-milliard de plus, si les obligations pouvaient être vendues. Mais à quel endroit encore, les obligations allemandes pouvaient-elles donc être vendues ? Le monde en était déjà submergé, submergé de celles mises en vente, toutes avec des remises horribles parce que tant de détenteurs s'efforçaient de s'en débarrasser. La finance internationale, en bref, était en manque d'idées. Les Premiers Ministres pouvaient peut-être élaborer quelque chose dans leurs pensées, avec toutes leurs têtes mises ensemble. Quoi qu'il en soit, c'était le seul espoir. C'était la raison d'être de la conférence.

La conférence a eu lieu à Londres dans la troisième semaine de juillet. Les sept principales puissances du monde étaient représentées. Six d'entre elles étaient des créanciers inquiets, la septième était l'étonnant débiteur. Les États-Unis étaient représentés par M. Stimson, secrétaire d'État, et par M. Mellon, secrétaire au Trésor Public. [2]

---

[2] Ndlr : soit le ministre des finances des États-Unis

Que l'on considère son importance, sa dimension et sa forme, c'était la réunion d'hommes d'État la plus majestueuse depuis l'époque de la guerre. Imaginez l'ouverture, les gestes formels, un discours prononcé par le Premier ministre britannique invitant désormais chacun à faire abstraction de soi-même et à ne penser qu'à l'ensemble, à ce qui sera le mieux à faire pour le bien du monde, puisque que l'on pourrait seulement espérer résoudre le problème en question par la collaboration internationale désintéressée.

Supposons que l'Allemagne reçoive ensuite la parole. A-t-elle un plan de sa propre conception à proposer ?

Non. L'Allemagne est impuissante. Elle n'a aucun plan. Elle soumet les faits et laisse la solution à ses créanciers. Tout ce qu'elle peut s'imaginer, c'est qu'un prêt international d'un demi-milliard de dollars la garderait à flot.

Pour combien de temps ?

Elle est incapable de le dire. Pour un certain temps du moins. Cela donnerait un répit.

Que pourrait offrir l'Allemagne en échange d'un prêt à accorder ?

Rien. L'Allemagne est impuissante. Elle n'a plus rien à offrir.

Mais quelle assurance ?

Aucune, sauf sa promesse de payer.

Mais ses promesses de payer dépassent déjà d'avance sa capacité de performance. N'est-ce pas là que le problème se trouve justement ?

C'est cela bien sûr, le problème. Les Allemands l'admettent avec simplicité.

L'Allemagne sera-t-elle prête à assurer un accord de prêt par un privilège sur ses recettes douanières, comme les Français l'ont suggéré ?

Non.

Pourquoi pas ?

Parce que la population allemande ne se soumettra pas à cette humiliation. Elle détruira tout gouvernement qui en fera la proposition.

L'Allemagne va-t-elle faire des concessions politiques pour apaiser les Français, comme celles visant à arrêter la construction de navires de guerre et à dissoudre le gênant corps des Casques d'Acier?

Non.

Pourquoi pas ?

Encore une fois, parce que la population allemande ne se soumettra pas à cette humiliation. Elle préférerait se faire rouge.

Mais peut-être l'Allemagne acceptera-t-elle d'abandonner ses tentatives de révision des traités ? Peut-être sera-t-elle d'accord, une fois la crise terminée, de revenir au plan Young et de s'y tenir fidèlement, au lieu d'essayer en même temps d'obtenir sa révision ?

Certainement pas. L'Allemagne rappellerait avec tact à ses éminents interlocuteurs que c'est à une crise financière qu'ils sont confrontés. C'est une erreur, pour ne pas dire une violation de la concorde, de la charger davantage avec des difficultés politiques.

Très bien. Mais sans rien à céder, sans rien à donner, sans rien à offrir qui n'ait déjà été doublement épuisé, sur quelles bases l'Allemagne s'at-tendait-elle à ce que ses créanciers lui prêtent encore un demi-milliard de dollars ?

La réponse est toute prête. L'Allemagne pense que ses créanciers pouvaient constater l'importance de prêter au regard de leur propre intérêt. Supposons qu'ils refusent. Supposons qu'ils laissent l'Allemagne couler. Premièrement, les conséquences financières seront incontrôlables. Elles ne peuvent pas rester confinées à l'Allemagne uniquement. L'Allemagne peut être contrainte de couler, mais ses créanciers couleront avec elle, et l'effet pourrait aussi bien être celui d'un crash financier mondial. Deuxièmement, ce serait la fin du gouvernement légitime en Allemagne. Supposons que le nationalisme se développe sous sa forme la plus radicale, ou bien le communisme. En tout cas, l'Allemagne serait obligée de se préserver, même si pour ce faire il était nécessaire de répudier non seulement ses dettes, mais toutes les autres formes de contraintes économiques, de réduire les salaires, de baisser les prix, et de submerger les marchés du monde avec des produits allemands.

Allemagne impuissante ! En mesure de contredire ses créanciers. Capable de menacer la structure politique de l'Europe. Capable de menacer la structure économique du monde. Comment était-elle arrivée à cette position ? Intentionnellement, en y consacrant ses pensées ? En tirant parti de la bêtise du monde ? Par la dérive de forces qui se sont retrouvées à travailler pour elle ? Et tout en étant menacée de manière similaire ? Aucun membre de la conférence de Londres, voyant les Allemands, ne pourrait même répondre à la moindre de ces questions.

Les Anglais étaient profondément nerveux à l'idée que l'Allemagne plongeait dans le rouge en termes économiques, beaucoup plus que par la pensée du bolchevisme politique. Une Commission Royale venait de présenter une étude de poids sur la nécessité de rétablir le niveau des prix dans le monde. Sa conclusion était que ce serait une calamité de stabiliser les prix à leur niveau d'effondrement. Les prix doivent être stabilisés à un niveau supérieur, qu'importe ce qu'il en coûte ou le danger, même si cela impose d'adopter une procédure d'inflation internationale scientifique, faute de quoi une grande partie des capitaux du monde représentant ce qui avait été autrefois une perspective normale de profit, serait perdue à tout jamais. Le Dumping, par conséquent, — rien que d'y penser ou de mentionner son nom — remplissait l'esprit britannique de consternation. Le dumping russe occasionnait déjà bien assez de terreur. Une campagne de propagande destinée à barrer l'accès des marchés anglais aux produits russes, traversait à ce moment la presse londonienne. Mais combien plus redoutable l'Allemagne serait-elle donc, dans ce rôle rouge économique, avec sa compétence, son expérience, sa longue ambition de dominer les marchés étrangers du monde et sa puissante machine industrielle — la machine la plus puissante et efficace d'Europe ! Et avec quelle affectation les Allemands le disaient-ils donc !

Cependant, il n'y avait aucun malentendu quant à ce qu'ils voulaient dire. De plus, l'idée se répandait en Allemagne. Les journaux allemands annonçaient qu'une politique économique pour sa propre sauvegarde, sans autre bénéfice pour la finance internationale, aurait l'avantage de « desserrer les liens politiques et financiers qui ne sont pas absolument indispensables et qui ont agi jusque-là comme un frein à notre développement. » Ils disaient cela à un moment où le gouvernement allemand maintenait la presse allemande sous une censure stricte.

Les Anglais pouvaient s'imaginer ces montagnes de charbon visibles autour des centrales allemandes, déferlant sur l'Europe et déboulant en Italie, scellant la ruine du commerce de charbon britannique ; ils pouvaient voir la manufacture allemande vendant à des prix inférieurs aux marchandises britanniques sur tous les marchés étrangers. La presse britannique a effleuré le sujet de manière fort prudente, si tant est qu'elle en ait parlé. Mais le *London Times* disait qu'il était entendu que M. Ramsay Macdonald avait pris les Allemands à part, et leur avait dit qu'une politique de dumping allemand les mettrait en conflit avec Angleterre. Il avait dit que l'Angleterre exercerait des représailles, peut-être sans la moindre idée en tête sur la façon dont elle pourrait vraiment le faire.

Eh bien, l'impressionnante conférence des sept puissances, de six créanciers anxieux plus un débiteur étonnant, n'a pas réussi à trouver une formule magique. Elle a accouché de deux suggestions puis levé la séance en prononçant sa propre bénédiction. Les suggestions étaient les suivantes : d'abord, du fait qu'un nouveau prêt international à l'Allemagne ne serait pas possible immédiatement, que chacun des six gouvernements créanciers devrait recommander à ses banquiers de laisser en Allemagne le reste de leurs dépôts au lieu de les rapatrier. Ensuite, qu'un troisième comité d'experts internationaux soit appelé à étudier la situation de l'Allemagne, à faire l'analyse de ses besoins, et à faire rapport.

Cela semble très peu. Du point de vue des créanciers, c'était moins que rien. Et pourtant, l'Allemagne, n'ayant rien à céder, rien à donner, rien à offrir, avait gagné sur trois points majeurs.

D'abord, elle obtenait son prêt, bien qu'il fût accordé de manière involontaire par les prêteurs. Lorsque les principales banques américaines et anglaises, avec les autres qu'il avait été possible de convaincre par intimidation ou persuasion, laissèrent leurs dépôts en souffrance et leurs crédits à court terme dans les banques allemandes, au lieu de les rapatrier, cela représentait l'équivalent d'un prêt de plus de trois quarts de milliard de dollars à l'Allemagne. Elle avait l'argent, elle pouvait continuer à l'utiliser. Il lui avait simplement été prêté de nouveau.

Ensuite, l'Allemagne avait gagné une troisième commission internationale d'experts pour la protéger de ses créanciers, et le membre américain de ce comité était Albert H. Wiggin, le directeur de la Chase National Bank à New York, publiquement rallié à la proposition que les indemnisations et les dettes de guerre soient fortement réduits ou annulés complètement, et que les droits de douane américains soient en même temps réduits, afin que l'Europe puisse également mieux vendre ses produits sur les marchés américains.

Troisièmement, ce que l'Allemagne désirait le plus était de pouvoir poser une couronne de deuil, tête en bas, sur le plan Young, et c'est ce qu'elle faisait.

Ce que le troisième comité international d'experts représentait, correspondait peut-être à la dernière déchéance de l'imposture, selon laquelle il y aurait jamais pu y avoir une approche économique au problème des indemnisations allemandes. Comment serait-ce possible, quand le gouvernement allemand lui-même parle officiellement de tribut ? Les gens qui croient que les indemnisations sont un tribut — et les Allemands le croient fermement — ne se comporteront pas comme si les indemnisations étaient une dette. Pourtant, c'est à ce comportement de la part des Allemands que le monde s'est attendu. Il ne peut pas davantage y avoir de solution purement économique avec l'Allemagne, privée ou autre, aussi longtemps que les Allemands ne cessent de penser, « ceci constitue la seizième » ou « ceci constitue la dix-septième année de la guerre ». Ses principaux créanciers, rappelez-vous, étaient ses ennemis pendant la guerre.

Il est assez facile de faire une analyse économique de la crise financière de 1931 en Allemagne. Cela peut se faire en une seule phrase. La grande machine allemande, ayant été élevée sur du capital d'emprunt de façon à devenir la plus puissante et la plus efficace d'Europe, marchait avec du carburant d'emprunt. Compte tenu de ce fait, chacun pouvait connaître les conséquences qui devaient en découler. Mais quelle est la valeur de ce fait établi ? Pourquoi la machine allemande a-t-elle tourné sur du carburant d'emprunt ? Pourquoi les Allemands mettaient-ils leur propre carburant en sécurité hors d'Allemagne, dans les banques des pays étrangers, et pourquoi l'emprunt de carburant, c'est-à-dire, le crédit à court terme, se faisait-il auprès de tiers ? Pourquoi ?

Quand, au début juillet, le directeur de la Reichsbank allemande traversait l'Europe en avion, pour solliciter un prêt international d'un demi- milliard de dollars (de carburant) afin d'empêcher la machine allemande de caler, afin de sauver l'Allemagne de la faillite — à cette époque selon les propres estimations allemandes sur la quantité d'argent allemand (le carburant encore) en dépôt à New York, à Londres, à Paris, à Amsterdam et dans d'autres centres monétaires étrangers, était d'un milliard de dollars. Il y avait tant d'argent allemand en dépôt rien qu'à Paris que si tout avait été récupéré le même jour, le marché monétaire français se serait effondré. Il n'y avait pas de danger que le retrait n'arrive. Les Allemands ne voulaient pas de leur propre argent ; ils voulaient l'argent des autres.

Voilà les réalités économiques pesant sur la crise allemande, pourrait-on dire. Elles expliquent la crise. Pourtant, elles ne sont pas elles-mêmes explicables en termes économiques. Si les Allemands avaient gardé leur argent à la maison, il n'y aurait pas eu obligatoirement de crise financière. Ils avaient assez de carburant en propre pour maintenir leur machine en marche. Mais ils avaient préféré le stocker dans les pays étrangers. Tout en voyant tout cela clairement, les Français étaient incapables d'adopter une vue strictement financière de la crise allemande. Ils n'arrêtaient pas de demander : « Pourquoi les Allemands se sont-ils mis d'eux-mêmes dans cette situation ? » Certainement pas pour des raisons économiques.

Et rappelez-vous que pendant tout ce temps, la dette des indemnisations n'a pas été un fardeau économique, ni un fardeau financier, mais uniquement un fardeau mental. Elle ne fut jamais une charge réelle, pour la simple raison que l'Allemagne n'a jamais payé d'indemnisations auparavant. Elle a fait en sorte que le monde les paie pour elle ; elle a fait en sorte que ses créanciers se paient eux-mêmes.

Au début, elle eut recours à l'expédient naïf de l'impression de marks papiers, tout simplement, et celui de les vendre dans le monde entier aussi longtemps que quelqu'un les achetait. Et les gens les achetèrent en quantités prodigieuses. Plus leur valeur était tombée, plus ils en ont acheté, en disant tout le temps « l'Allemagne ne répudiera jamais son argent, c'est inimaginable », et pensant par conséquent que c'était une habile spéculation d'acheter ces marks. Les acheteurs de mark, lesquels allaient être répudiés, et les porteurs d'obligations allemandes, percevant des intérêts dans ces mêmes marks — ce sont eux qui ont payé les premières indemnisations, pas l'Allemagne. L'Allemagne a pris leur argent en échange de ses marks de papier et l'a remis à ses créanciers. Quand enfin le coût de l'impression et du papier d'expédition des colis de marks papiers, a dépassé ce que les marks rapportaient, l'Allemagne a arrêté ses imprimeries, a cessé de payer les indemnisations, et a déclaré son insolvabilité totale.

Ensuite, les Français ont eu l'idée sinistre d'aller chercher des indemnisations par la force. Ce fut à cette époque qu'ils pénétrèrent dans la Ruhr et s'emparèrent du cœur même de la machine industrielle Allemande. Tout ce qu'ils ont prouvé, c'est que vous ne pouvez pas recouvrer des indemnisations par la force auprès d'un peuple non coopératif. Les Allemands n'auraient pas fait marcher leur machine dans le seul but d'en retirer un tribut pour les Français. Il y avait des grèves et des émeutes, mais pire encore, la menace de démolition de la machine elle-même, ou la menace de la bloquer par sabotage. Rendez-vous donc compte, alors que la chute d'une clé à molette hors des mains d'un ouvrier allemand d'humeur maussade risquait également de coûter un million de francs français de tribut. Tel fut le problème des Français dans la Ruhr, lorsqu'ils pressaient le cœur industriel de l'Allemagne dans leurs mains. Supposons qu'ils aient dit : « Fort bien, nous allons reprendre la machine en main nous-mêmes, et la faire marcher. » Mais cela signifiait faire venir des ouvriers et des techniciens de leur propre pays. Il n'y aurait pas eu de profit à cet égard.

D'ailleurs, s'ils l'avaient fait, ils auraient eu une population allemande affamée et inactive sur les bras. L'occupation de la Ruhr a coûté plus aux Français que ce qu'ils en ont retiré. Pas d'indemnisation de cette façon-là.

Dans cette impasse, les nations d'Europe se sont unies pour adresser leur prière aux États-Unis : « Nous sommes émotionnellement et politiquement des fous, dirent-elles. Nous avons juste assez de santé mentale pour constater que nous le sommes. Il ne nous est tout simplement pas possible de penser en termes économiques. Vous disposez là-bas d'un point de vue avec du recul. Pensez à une méthode qui pourrait nous donner espoir ici en Europe. Car si vous n'y arrivez pas, nous allons nous désintégrer. Apportez-nous un plan. » C'est ce que nous avons fait. Nous avons envoyé des experts américains afin de les remettre d'aplomb ; nous leur avons donné le plan Dawes. L'Allemagne accepta, entrepris devant Dieu une procédure d'exécution, et emprunta 200 millions de dollars-or pour engager sa mise en œuvre. [3]

Depuis que le plan Dawes a pris effet — c'est-à-dire depuis 1924 — les paiements nets effectués au titre des indemnisations par l'Allemagne, se sont élevés, selon ses propres chiffres, à 2,35 milliards de dollars.

Dans le même temps, toujours selon ses propres statistiques, elle a emprunté à d'autres pays la fabuleuse somme de 3,75 milliards de dollars.

C'est-à-dire que, depuis 1924, elle a emprunté 1,4 milliards de dollars de plus que ce qu'elle a versé à titre d'indemnisations.

Les deux tiers environ de cet argent emprunté provenaient des États-Unis. La plus grande partie, pour le reste, venait de Grande-Bretagne et le solde de France, de Hollande, de Suisse et d'autres pays prêteurs. Plus des trois quarts du total provenaient de ses anciens ennemis.

Nous dire simplement que l'Allemagne a emprunté d'une main et payé les indemnisations de l'autre, ou que, sur chaque dollar qu'elle a emprunté, elle a payé soixante-trois cents d'indemnisation et en a gardé trente-sept, ne rend pas exactement compte de toute l'histoire. L'argent faisait un mouvement circulaire. Il arrivait d'un côté en Allemagne, s'arrêtait pour travailler pendant quatre-vingt-dix jours, six mois, un an ou plus, puis sortait de l'autre, comme l'eau qui fait tourner une roue de moulin. Il est important de se rappeler tout ceci, car c'est l'explication de nombreux effets incompréhensibles autrement. L'argent ne fit

---

[3] Ndlr : une once d'or valait alors 21 dollar, contre 19 ¾ dollars, cent trente ans plus tôt ... en 1792

pas que rentrer pour sortir à nouveau, il fut arrêté et mis au travail. C'est ce que les gens qui parlent d'économie veulent dire quand ils disent qu'avec l'argent emprunté, l'Allemagne a construit son économie interne afin d'être en mesure de payer les indemnisations, et qu'elle les a payés ensuite sur l'augmentation de sa richesse. Elle a construit son économie interne de manière spectaculaire. Elle savait comment faire dévier ce courant d'argent pour entraîner la roue. Et voilà comment elle se retrouve seconde puissance nationale industrielle du monde à ce jour. Les États-Unis sont les premiers au monde. L'Allemagne est la première en Europe.

Elle a dépensé l'argent emprunté dans trois domaines, à savoir : en premier lieu, pour du logement de toute sorte, en second lieu, pour sa machine industrielle, pour la reconstruire, la rationaliser, accroître son pouvoir, et en troisième lieu, pour des travaux publics tels que des parcs, des bains, des centres communautaires et de loisirs, des écoles, des stades, des bâtiments d'exposition, de nouveaux hôtels de ville, de nouveaux bureaux de poste, des routes, même pour des monuments.

Une passion de la construction s'est emparée des gens. Dans le domaine des logements, ils ont achevé plus de 300.000 habitations durant l'année 1930. La grande masse de nouveaux logements était destinée aux travailleurs salariés, aux fonctionnaires de l'État, aux personnes disposant de moyens modérés. Chaque nouveau projet de logement conçu pour une collectivité est appelé cité. Donc, des cités pour les ouvriers, des cités pour les employés de chemin de fer, des cités pour les employés des postes, des cités pour les célibataires, mais aussi des cités dans des emplacements exclusifs, pour la classe aisée, ce qu'il conviendrait d'appeler des développements immobiliers sur une très grande échelle. L'ensemble est prodigieux. La seule façon de s'en rendre compte est vraiment depuis le ciel, car une seule cité ou un complexe d'appartements peut prendre la taille d'une ville. En outre, vous auriez à parcourir d'énormes distances au sol pour les voir. Ils prennent de l'ampleur par nature, et occupent de nouveaux espaces. Les villes n'ont pas été reconstruites. Elles n'ont pas beaucoup changé. Ces gens ne démolissent pas les vieilles choses pour en construire de nouvelles. À nouvelle affaire, terrain nouveau. Tous ces changements se trouvent en périphérie.

La passion de la construction a submergé le besoin, elle est devenue extravagante, expérimentale, sportive. Une nouvelle époque, de nouveaux matériaux, de nouvelles formes, de nouvelles méthodes, de nouveaux projets. Des églises toutes d'acier et de verre. L'extrême modernisme dans les villas, les morgues, les hôtels, les écoles, les gratte-ciel, les bâtiments commerciaux. C'était un festival pour architectes.

De nombreux créanciers sont scandalisés par les manifestations de l'extravagance de l'Allemagne fondée sur l'argent emprunté, les Français et les Anglais plus que les Américains, car ils se montrent moins compréhensifs pour l'extravagance en général. Les Allemands l'admettent. Ils peuvent nous dire honnêtement qu'ils ont entendu eux-mêmes, comme ils se le dénonçaient l'un à l'autre. Qu'importe, ils sont allés de l'avant. Ensuite, des sommes importantes ont été volontairement dépensées au nom du futur, comme pour ce quatrième pont sur le Rhin à Cologne, aujourd'hui l'une des merveilles européennes du génie civil.

Les français leur ont dit : « Il n'y a pas de nécessité pressante à jeter ce pont. Pourquoi le construisez-vous ? On ne paye pas les dommages de guerre avec un pont ».

Les Allemands répondirent : « Nous en aurons besoin un jour, et nous le construisons maintenant pour maintenir notre peuple au travail. »

C'était leur instinct ou leur sagesse, d'accroître leur pouvoir et d'améliorer leurs conditions par tous les moyens possibles, même si c'était avec l'argent des créanciers qu'ils le faisaient. Et de leur propre point de vue, ils avaient raison. Ce qu'ils ont construit, ils continueront à en disposer. L'or, ils pourraient le perdre ; les crédits, ils pourraient les perdre, mais les machines, les usines, les centrales électriques, les ponts, les bâtiments publics, les routes, les laboratoires, l'amélioration du logement, les parcs — ces biens-là demeurent. Ils ne peuvent pas s'envoler. Ce qui arrive à l'argent semble relativement peu important. L'argent n'est pas l'équivalent des biens. C'est seulement un bon pour ces biens. Déchirez le bon et voyez comme les biens sont toujours là, échappant physiquement à une crise financière. Vous pouvez inventer de nouveaux bons pour les représenter. C'est déjà arrivé auparavant. Il y a moins de dix ans, la monnaie allemande n'était-elle pas entièrement anéantie ? Les biens qu'elle représentait, ceux-là n'ont pas été anéantis, pas même le crédit allemand, qui était une notion intangible. Un nouveau jeton monétaire a été inventé à la place de celui qui avait été détruit, et voilà ! L'Allemagne a retrouvé la qualité de son crédit, le monde entier était impatient de redevenir son créancier encore une fois.

En outre, ce qui peut sembler une utilisation imprudente et extravagante de l'argent emprunté, a permis à l'Allemagne de créer un grand ensemble de richesses sociales, matérialisé sous forme de logements de qualité, d'établissements de loisirs et d'autres biens favorisant le bien-être humain, richesses dont l'existence même avait tendance à enrayer ce qui pouvait avoir existé comme élan vers le communisme. S'il y a jamais eu un réel danger de communisme en Allemagne, ce qui est douteux, il est fortement atténué par le fait que les travailleurs salariés allemands ont bien plus de confort, de bien-être et de liberté individuelle à défendre que jamais auparavant.

La menace rouge dans tous ses sens politiques est probablement pour sept dixièmes l'effet d'un complot. [4] Les communistes sont quatre ou cinq millions tous ensemble. Mais ils n'ont pas de meneurs. Il n'existe pas un seul esprit marquant parmi eux. Une idée circule en Allemagne selon laquelle les dirigeants de la Russie soviétique ne veulent pas que l'Allemagne se fasse rouge, du moins pas encore. Ils ont trop peur de l'effet que cela pourrait avoir sur son efficacité et sa puissance productive, et sont trop pressés pour le moment de faire appel à cette efficacité et cette puissance pour leurs propres besoins. Que ce soit vrai ou pas, les Russes seraient bien intelligents d'adopter ce point de vue, et de soutenir en Allemagne uniquement un semblant de communisme de façade, qui serait fort en nombre d'adhérents et faible politiquement.

---

[4] Depuis que ces lignes ont été écrites, Von Hindenburg a été réélu président de la République Allemande (ndlt : conservateur monarchiste antimarxiste, et contre Hitler).

Le point de vue bien calculé de l'Allemand vis-à-vis du communisme est cynique avant tout. Il a décrété : « C'est une chose qu'il est bon d'avoir sous la main », il indique par là le fait que si d'aventure le gouvernement allemand a des difficultés avec le parlement du Reich, il peut soit recueillir l'adhésion en agitant la menace rouge, soit menacer de s'appuyer sur l'adhésion des communistes, et quand d'aventure les hommes d'État allemands négocient avec le monde extérieur, à la conférence de Londres par exemple, ils peuvent dire : « le gouvernement en fonction est acculé au mur en Allemagne. Soutenez-nous tant dans votre propre intérêt que dans le nôtre, car si le gouvernement tombe, nous serons tous contraints d'affronter le communisme en Allemagne. » Et ça marche. Cela a marché sans interruption depuis l'armistice.

Personne, excepté s'il est allemand, ne peut suivre les méandres de la politique allemande, et il y a matière à douter que les Allemands eux-mêmes puissent le faire. Des partis depuis le centre se déclinant à droite et à gauche, des partis au sein des partis, des partis à gauche du parti de droite et à droite de la gauche, tous occupés en permanence à des querelles, non pas sur les idées en tant que telles, mais sur la philosophie et la théorie des idées. Toute nouvelle idée doit d'abord être examinée du point de vue de l'avantage du parti, et si c'est encore possible par la suite, d'après ses propres mérites. Considérant ce courant maussade, ce grognement monotone de désaccord, considérant tout leur esprit politique apparemment confiné accidentellement dans le brouillard des réalités, on dirait que c'est sans espoir, pire qu'une dérive. Comment peut-il y avoir un sens de l'orientation parmi eux ? Pourtant, en considérant ce qui s'étend derrière eux depuis les dix dernières années et ce qu'ils ont fait avec leurs moyens par rapport au monde, on peut presque penser qu'une intelligence machiavélique fut leur guide. Considérant encore une fois le grand tourbillon du chaos politique, peut-être se rendrait-on compte cette fois-ci, que leurs désaccords s'annulent mutuellement et que l'ar-deur déployée dans leurs petites interférences est absorbée, de sorte que par-delà, dans le domaine de la réalité, leur véritable intelligence, leur intuition raciale, ou quoi que ce soit qui les conduit, est d'autant plus libre d'agir sur leur destin, sans être sujet aux interférences.

Par exemple, au cours de la crise de juillet 1931, ils sont passés d'une forme républicaine de gouvernement à une dictature et ils en étaient à peine conscients. La constitution a de fait été suspendue ; ils furent gouvernés par décrets ; leur parlement était disposé à se sacrifier ; les employeurs ont été obligés de retenir cinquante pour cent sur les salaires ; des tas de journaux ont été fermés ; un Allemand ne pouvait pas traverser la frontière sans d'abord payer une amende de vingt-cinq dollars ; commenter librement ce qui touchait au travail du chancelier allemand à Londres était « *verboten* » de peur d'interférer avec le résultat recherché —et il n'y eut pas de protestation. Dans ces circonstances, une dictature était inévitable. Le système pouvait se mettre automatiquement en place. Aucun parti n'en était responsable ; par conséquent, aucun parti ne s'en souciait. Et le bourdonnement continu s'élevant du tourbillon était le même qu'avant.

Et si l'Allemagne se faisait vraiment rouge, dans un sens politique, cela ne serait pas à la manière du communisme russe. Les Allemands n'ont pas le cœur de détruire leurs propres affaires. Ils ont renversé une monarchie et n'ont rien détruit. Il ne leur est jamais venu à l'esprit de détruire son symbole humain, à savoir, le Kaiser. Il a été exilé avec une pension, en partie pour apaiser le monde ; il n'a pas été pleuré car il avait échoué. Mais le prince héritier a été accueilli à nouveau et est actif à présent dans la politique allemande, à l'extrême droite. Moins que toute autre chose, les Allemands détruiraient leurs outils, c'est-à-dire, leur propre puissance industrielle, car ceci constitue leur principale source d'espoir.

Pourtant, malgré la réduction de la menace rouge, pour autant qu'elle ait existé, et malgré l'amélioration des conditions sociales qui est tout à fait réelle en Allemagne, de nombreux créanciers sont toujours scandalisés. Ils persistent à dire : « Du point de vue allemand d'accord, mais ce fut de l'argent emprunté. Ils l'ont dépensé pour des biens tels que mêmes les prêteurs ne pouvaient pas toujours se permettre d'acquérir. Ils devaient avoir conscience pendant qu'ils dépensaient, qu'ils seraient incapables de rembourser quand ce serait dû. »

Ce n'est pas exactement ce dont ils avaient conscience. Ils y pensaient probablement très peu, et d'ailleurs, s'ils y avaient pensé, ils ne s'en seraient pas préoccupés. Pour le comprendre, il est nécessaire de poursuivre encore à propos du point de vue allemand.

Pour commencer, la majeure partie de l'argent provenait de prêteurs américains, et chaque Allemand ressent dans son cœur que son pays a été frappé par l'Amérique, pas par les Alliés. Sans l'importance des ressources américaines, d'abord sous forme de prêt aux Alliés, et puis directement dans la guerre, la victoire allemande aurait été inévitable, conforme au destin. L'argent américain a contrarié le destin.

Que l'on considère ensuite la conviction des sentiments qui habite chaque pensée de l'esprit allemand. Comment on en est arrivé là dans les faits n'a pratiquement pas d'importance. La conviction est qu'un complot s'était formé pour écraser l'Allemagne. Il avait échoué. Il ne pourra y avoir de justice dans le monde, pourtant, tant que le traité de Versailles n'est pas détruit ; et l'infamie toute particulière de ce document tient dans ce qu'il contient un aveu de culpabilité extorqué à un peuple alors que celui-ci était maintenu à genoux sous la puissance du monde entier.

Il s'ensuit qu'ils ne se reconnaissent aucune dette correspondant à des indemnisations. Simplement, que les indemnisations sont un tribut. Il s'ensuit également que le discours secret allemand, concernant les principaux créanciers de l'Allemagne peut être extrêmement ironique, avec une insistance toute particulière concernant les Américains, auxquels il était si facile d'emprunter de l'argent pour payer un tribut. Comment pouvait-on s'attendre à ce qu'ils se soucient beaucoup de ce qui est arrivé à l'argent qu'ils ont emprunté ? C'était l'argent de leurs ennemis, et tandis qu'ils empruntaient et qu'ils le dépensaient pour accroître leur puissance, ils comptaient les années que la guerre avait déjà duré — quatorze ans, quinze ans, seize ans. Et quelle stupidité que ce monde de prêteurs !

Quoi que l'on doive dire en ce qui concerne les Allemands, il demeure en fin de compte qu'ils nourrissent les sentiments, l'état d'esprit et les motivations d'une nation offensée. Leur sens de l'offense est obsessionnel, tellement profond et tellement honteux qu'il ressemble à une psychose d'ampleur nationale, d'ailleurs c'en est une probablement. L'Allemagne contre le monde entier : ce sera la seule pensée qui les unira et qui ne faillira jamais. La pitié pour soi-même constitue leur accoutumance émotive.

Ils y croient eux-mêmes, quand ils nous disent que l'Allemagne est pauvre. On ne doit pas se laisser tromper par des apparences pour autant. Il y a bien de la détresse amère juste sous la surface. Il n'y a pas de gras, ou s'il y en a, alors ce n'est pas du bon gras. On verrait comme le tissu organique de l'Allemagne est blanc, s'il était seulement possible d'y jeter un coup œil. C'est l'effet des indemnisations. L'Allemagne est impuissante ; elle est à la merci de ses créanciers. Sa classe moyenne a été détruite. Pouvez-vous détruire une classe moyenne sans causer de souffrance ? Les gens viennent voir. Ils voient les Allemands manger et se baigner et essayer de se réjouir, mais c'est le désespoir, le comportement d'un peuple vivant dans la crainte du déluge. Vraiment, ce n'est pas ce qui se déroule là. Ils ne se réjouissent pas. Si les magasins marchent c'est parce qu'ils ont peur de leur propre argent et le dépensent pour accumuler des biens à la place. Ils se rappellent l'inflation. Et s'ils sortent dîner pour faire encore une fois bonne chère, c'est parce qu'ils ne savent pas ce qui se passera demain.

Quelqu'un ayant entendu ce thème trop souvent et l'ayant entendu encore une fois, exprimé par un groupe d'Allemands inquiets et soucieux réunis à dîner à Berlin ce mois de juillet dernier, essaya de leur faire changer de point de vue.

« Je m'imagine être un Allemand », dit-il. « On est en 1924. Je regarde le ciel. Vous souvenez-vous qu'après l'armistice, ou comme disent les autres, après la guerre, il y eut une vogue de l'observation des étoiles en Allemagne ? C'est quand vous avez commencé à construire ces planétariums merveilleux. »

« Oui », dirent-ils, un peu perplexe.

« J'imagine que je suis un Allemand en 1924 », a-t-il poursuivi, « me trouvant dans un planétarium comme tout le monde, et quand je me suis assis à regarder la mécanique céleste, soudain j'ai vu l'avenir de l'Allemagne clairement, comme dans un rêve. »

« Qu'advenait-il ? » ont-ils demandé. « Qu'avez-vous vu ? »

« Attendez », dit-il. « D'abord, vous souvenez-vous de ce qui se passait en 1924 ? L'ennemi s'attardait en Rhénanie, la prenant en otage contre gage de bonne conduite. Les Français étaient dans la Ruhr, en pressant le cœur même de l'Allemagne. Des Commissions étrangères étaient assises à Berlin, examinant tout et s'occupant de tout. L'Allemagne était insolvable. Son argent ne valait rien. Un million de marks aurait à peine suffi pour acheter un souper froid. »

Les Allemands gémirent.

« Puis la vision », dit-il. « J'imagine qu'étant un Allemand, j'ai vu ce qui se passerait en Allemagne au cours des six prochaines années. J'ai vu qu'en 1930 elle serait libre de contrôle étranger, l'ennemi serait hors de la Rhénanie, les Français seraient hors de la Ruhr. J'ai vu qu'en 1930 l'Allemagne serait le pays le mieux outillé d'Europe, premier en Europe pour ce qui est de la puissance industrielle et deuxième au monde après les États-Unis. J'ai vu qu'en 1930, elle serait la nation la mieux logée d'Europe, sinon dans le monde. J'ai vu qu'en 1930, ses exportations dépasseraient celles de la Grande-Bretagne pour la première fois, ce qui a été son ambition toute sa vie. J'ai vu qu'en 1930 elle remporterait le ruban bleu de la mer contre l'Angleterre, récompensant ses deux navires les plus récents et les plus rapides sur l'Atlantique, et qu'elle aurait une fois de plus une grande marine marchande, toute neuve et moderne, en plus de réaliser la construction des navires pour d'autres nations, s'imposant face à la compétition des chantiers de l'industrie navale Anglaise. J'ai vu qu'en 1930, elle serait la première parmi les nations européennes dans l'aviation, avec le plus grand avion sur piste dans le monde, le plus grand hydravion, et les plus beaux aéroports. J'ai vu qu'en 1931, elle serait assez forte pour dire « non » aux Français lorsque ceux-ci ont posé comme condition au prêt international, que l'Allemagne dissolve son corps franc désarmé des Casques d'acier, et qu'elle arrête la construction de navires de guerre. J'ai vu l'un des nouveaux navires de guerre de dix mille tonnes et j'ai songé à la témérité des ennemis de l'Allemagne. Ils ont pensé limiter la force de ses armes navales avec un morceau de papier mentionnant le fait qu'un navire de guerre allemand ne doit pas dépasser dix mille tonnes. Tout ce qu'ils ont fait, c'est de stimuler l'inventivité allemande, car en conformité avec la présente limitation, elle avait fabriqué une arme navale de dix mille tonnes qui était probablement équivalente dans le monde, à tout autre navire de guerre de 25.000 tonnes. J'ai vu qu'en 1931, elle serait assez forte pour oser dire officiellement, « Les dettes d'indemnisation sont un tribut. », ce qui constituait l'annonce qu'elle était pratiquement assez forte pour les répudier. Et j'ai vu pendant ce temps, pendant six ans, qu'elle avait emprunté beaucoup plus à ses ennemis que ce qu'elle n'avait payé au titre des indemnisations, ce qui signifiait qu'elle-même n'avait fourni aucune indemnisation. J'ai vu qu'en 1931, sans armes elle serait assez forte, pour menacer la paix politique de l'Europe et assez forte pour menacer le rythme économique du monde en déchaînant la puissance de ses industries et de ses laboratoires. C'est ici que la vision s'arrêtait. Je pensais m'être assoupi. C'était un rêve. Quel rêve incroyable ! Et cependant, tout cela s'est réalisé. »

« Cela s'est réalisé », ont déclaré les Allemands, sans qu'il y ait eu la moindre craquelure dans leur morosité. Celle-ci était plus profonde que jamais. « Ce que vous dites là est vrais », disaient-ils. « Mais vous n'êtes pas un Allemand. Vous ne pouvez pas vous imaginer ce que c'est. La situation de l'Allemagne est désespérée. »

À quoi pensaient-ils en disant cela ? À leurs colonies perdues ? À l'empire français ? Aux nouvelles fortifications françaises ? À leur isolement ? À la phrase sur la culpabilité dans le Traité de Versailles ? Vous ne le saurez jamais. Il se peut qu'ils songeaient à quel point il fut incongru que ce flux d'argent américain par lequel ils avaient payé des indemnisations, se tarisse brusquement.

À moins que celui-ci ne reprenne à nouveau, il se pourrait qu'ils aient réellement à décider s'il leur faut effectivement payer un tribut ou répudier les dettes de l'indemnisation, avant d'être tout à fait prêts à prendre ce risque.

CHAPITRE V
UTILISATION DE LA POULE AUX ŒUFS D'OR

« Le Système de la Réserve Fédérale fait l'objet de menaces de pillage de son stock d'or de la part des pays étrangers, notamment de la France. L'hypothèse concernant l'apparition de cette menace — et il s'agit une hypothèse — suggère que ce pays-là a voulu affecter notre disposition à l'égard des indemnisations et à l'égard de sa dette vis-à-vis des États-Unis. Je ne fais pas d'affirmation. Je dis qu'il s'agit d'une hypothèse. Les fonctionnaires de la Banque de France ont tout simplement contrecarré les plans des responsables de la Réserve Fédérale de notre pays. »

— Sénateur Carter Glass, Ancien Secrétaire du Trésor[1], ayant soumis au Sénat des États-Unis, le 17 Février 1932, le projet de loi Glass-Steagall, soit une loi d'urgence destinée à protéger la réserve d'or américaine.

Pour d'avantage d'éducation concernant le crédit américain à l'étranger plongez-vous dans les visions et les épisodes d'automne suivants. En l'occurrence :

1. L'intégrité en or du dollar américain était contestée en Europe, alors que notre prêt en ce domaine avait été si prodigue. Notre crédit désavoué par nos propres débiteurs ! Et pour quel motif ? Parce que nous l'avions distribué trop librement ; parce que, précisément, nos débiteurs savaient qu'ils avaient trop emprunté contre des garanties insuffisantes.

2. Le spectacle rationnellement inconcevable de pays débiteurs pillant les réserves d'or d'un pays créancier alors que le créancier lui-même, est entravé et désarmé en vertu d'un accord de ne pas réclamer de ceux-ci leurs dettes.

3. L'étrange épisode, au cours duquel un pays créancier est empli du sentiment de gratitude envers l'un de ses princi-

---

[1] Ministre des finances du gouvernement fédéral américain

paux débiteurs, débiteur qui par générosité et par charité, renonce encore juste à temps de piller les réserves d'or de ce créancier, pour éviter que la garantie de solvabilité de celui-ci, ne puisse être remise en question.

4. Le spectacle des ovations du public dans notre pays créancier, offertes au premier ministre de l'un de nos principaux débiteurs quand celui-ci vient nous annoncer la nécessité de faire endosser par le contribuable américain, dans un esprit d'entente internationale, davantage de dettes de guerre Européennes. Encore plus d'ovations publiques lorsqu'il s'en va en emportant notre promesse de prendre cette demande en compte.

5. Constat d'ahurissement et sentiment de mal-être dans le corps du crédit américain, probablement de nature métaphysique.

Et pour tout cela, une seule histoire débutant abruptement.

Comment décrire autrement le moratoire américain, reportant d'un an les paiements de la dette de guerre dues au Trésor Public ; la remise à disposition de l'Allemagne de 700 ou 800 millions en dollars américains de crédits à court terme, pour la sauver d'un défaut abject ; un prêt d'espèce simultané à la Reichsbank ; un prêt de trésorerie à la Banque d'Angleterre ensuite, pour sauver l'intégrité de la couverture en or de la livre sterling et un autre accordé immédiatement au Trésor britannique dans le même but — avec tout cela, nous n'avons pas investi moins d'un milliard et demi de dollars-or en crédits, accordés à l'Europe au cours de l'été 1931 — pensant ainsi éviter le désastre d'un effondrement financier total.

L'objectif spécifique de nos prêts à la Banque d'Angleterre et au Trésor britannique était de maintenir la liaison de la puissante livre sterling avec l'étalon-or — la maintenir pour ainsi dire, à sa pleine valeur d'or traditionnelle. D'ailleurs, les Britanniques eux-mêmes étaient héroïquement déterminés à y arriver, car si la Banque d'Angleterre devait se montrer incapable de payer la valeur d'or de ses billets sur demande, cela signifiait la répudiation, l'inflation, une monnaie dépréciée de valeur inférieure à sa dénomination faciale en or. Cela revenait naturellement à une humiliation terrible du crédit britannique à travers le monde entier. Néanmoins, ceci devait arriver inévitablement. Il n'y avait rien qui aurait pu arrêter la précipitation aux guichets de la Banque d'Angleterre. Son emprunt à New York était trop désespéré et il ne fit qu'augmenter l'alerte. Ce crédit d'or américain était comme des paquets de monnaie empilés dans la vitrine d'une banque condamnée, destinés à décourager le retrait des déposants, quand en fait il a l'effet inverse, car personne ne considère que ces sommes seront suffisantes. Après l'emprunt par la Banque d'Angleterre de tout le crédit d'or américain qu'elle pouvait obtenir sous sa propre signature, et deux semaines après l'emprunt de 200 millions de dollars supplémentaires, pris à New York par le Trésor public britannique lui-même et destiné à sauver la livre sterling, la Banque d'Angleterre a suspendu les paiements en or. La valeur de l'or de la livre sterling a baissé immédiatement d'un quart et la Grande-Bretagne se retrouva sur une base de monnaie papier.

À ce stade, tandis que la Grande-Bretagne avait abandonné l'étalon or, que l'Allemagne était financièrement gelée, que l'Autriche et la Hongrie étaient en faillite, et que tous les remboursements de la dette de guerre dus par l'Europe aux Trésor Public des États-Unis étaient suspendus pour un an, la situation était tout simplement telle que tout ce que l'Europe nous devait, soit elle pouvait le payer en monnaie-papier dépréciée, soit elle n'était pas tenue de le rembourser, alors que tout ce que nous devions ou ce que nous aurions pu devoir à l'Europe était payable en or sur demande, parce que les États-Unis maintenaient encore un étalon-or.

Pour que cela soit bien clair, supposez que vous ayez à votre banque deux comptes distincts. Sur un compte, vous avez souscrit une reconnaissance de dette à long terme envers la banque pour un million de dollars que vous avez entrepris de rembourser progressivement avec intérêt. L'autre est un compte ordinaire. Celui-là est crédité de cinquante mille dollars par exemple. C'est le compte sur lequel vous traitez vos affaires quotidiennes. Supposons maintenant que vous alliez à votre banque et que vous dites : « Je ne peux pas payer les intérêts sur cette créance d'un million de dollars. Je tombe en faillite si vous m'obliger de les payer. » En disant cela, vous mettez votre destin dans les mains de la banque. Elle peut exiger le paiement et liquider vos intérêts, saisir votre entreprise, récupérer toute votre propriété. Mais la banque n'éprouve pas le désir de le faire. Elle dit : « D'accord. Les temps sont durs. Que l'intérêt s'accumule pendant un an et qu'on laisse courir la créance. » Vous dites : « Mais comment allez-vous traiter mon compte courant sur lequel j'ai cinquante mille dollars ? Qu'est-ce que vous allez en faire dans ce cas ? » La banque répond : « vous devez bien entendu continuer à faire des affaires. Nous traiterons ce compte comme si vous étiez toujours solvable. Continuez à tirer vos chèques sur ce compte comme avant, et continuez vos affaires. Tout cela va s'arranger avec le temps. » Fort bien. Il s'agit d'un arrangement raisonnable. Mais supposons que le lendemain vous entriez dans cette banque en disant : « Cette institution me fait peur. Elle est trop accommodante dans l'octroi de ses crédits. Je crains que mon compte courant n'y soit pas en sécurité. Je le ferme. Voici mon chèque de cinquante mille dollars et je veux qu'il me soit payé en or, s'il vous plaît. »

Ce serait un comportement désagréable de la part d'un débiteur, redevable à sa banque d'un million de dollars dont il n'est pas en mesure de payer les intérêts, mais exigeant néanmoins 50,000 dollars en or. Pourtant, aussi étrange que ce soit, après avoir passé cet accord avec lui, la banque est tenue de lui payer son solde créditeur de cinquante mille dollars, et de les payer en or s'il exige de l'or, ou de déclarer qu'elle est elle-même insolvable.

Un tel cas survenant entre un individu et sa banque serait aberrant. Il est de la même nature aberrante entre l'Europe et notre pays, bien que la situation soit peut-être quelque peu obscurcie du fait de son ampleur et par le langage sophistiqué qui l'entoure.

Tout en étant débiteur de notre pays pour plus de dix milliards de dollars — moins de la moitié étant constitué par des dettes de guerre, le reste représentant l'emprunt public et privé auprès d'investisseurs américains et auprès de banques américaines — l'Europe conservait ici néanmoins, de très importants soldes créditeurs, payables sur demande. Vous pourriez évaluer la somme totale de ceux-ci à un milliard de dollars. Ces soldes créditeurs avaient eu des origines diverses. Alors que les banques américaines avaient fait des dépôts dans les banques européennes, notamment les banques allemandes parce que le taux d'intérêt était élevé, simultanément, les banques européennes avaient fait des dépôts dans les banques américaines, pour des raisons opposées. Ils recherchaient la sécurité. Il y avait donc des soldes créditeurs de ce type, payable à l'Europe sur demande. Ensuite, les exportateurs européens ont aussi pris l'habitude de laisser leurs profits en dépôt dans les banques américaines en pensant que l'argent était plus en sécurité chez nous qu'en Europe ; surtout les exportateurs allemands qui avaient, en cela, entièrement raison. Suivant plus ou moins cette même logique, des capitalistes privés européens avaient envoyé de l'argent à New York pour l'investir dans des bons à court terme qu'ils pouvaient revendre à tout moment sur simple notification. Et certains soldes créditeurs de l'Europe demeurant dans notre pays étaient tout simplement le revenu de prêts américains récents ; même les prêts-ambulance que nous avions faits en été pour éviter un effondrement financier en Europe. Et ce que nous allons voir maintenant, c'est ce qui est arrivé avec ces soldes créditeurs européens, ou plutôt ce qui nous est arrivé.

La Banque d'Angleterre a suspendu les paiements en or, finalement parce que s'accordant sur le rythme auquel les banques de New York inscrivirent dans leurs livres, « nouvelle entrée — crédit or mis de côté pour la Banque d'Angleterre en contrepartie de la sécurité de ses billets à ordre », les pillards européennes coururent immédiatement à la Banque d'Angleterre et s'emparèrent de l'or réel, en pièces et lingots. Dans cette affaire, la Banque d'Angleterre était une passoire. Lorsque les banques de New York avaient fini d'écrire cette ligne dans leur livres : « nouvelle entrée — crédit or mis de côté pour la Banque d'Angleterre », la Banque d'Angleterre a immédiatement cessé de donner son propre or en paiement à quiconque. Elle a décidé, à la place, de thésauriser ce qu'elle avait laissé d'or elle-même dans ses caves ainsi que les crédits d'or sur les livres des banques de New York.

Ce qui suivit fut une révélation sur les facultés hors normes de la finance internationale. L'Europe regarda vers l'ouest. L'accoutumance historique. Pendant près de quatre siècles et demi, elle a sondé l'ouest pour trouver de l'or. L'énorme réserve d'or américaine se trouvait là, de l'or pour cinq milliards de dollars, à découvert et sans protection. Elle avait des clés pour y accéder. Les clés étaient les soldes créditeurs des banques de New York, payables en or sur demande. Et là où ces soldes représentaient, comme c'était le cas pour beaucoup, le produit intact de prêts américains accordés récemment à l'Europe, les clés de la réserve d'or américaine qu'elle possédait, étaient des clés que nous lui avions abandonnées accidentellement. La réserve d'or américaine était sans défense. Il n'y avait aucun moyen d'empêcher l'Europe d'utiliser ces clés, peu importe comment elle avait mis la main dessus. Il nous était interdit de faire des demandes à l'Europe qui auraient compensé ses exigences d'or envers nous. Certes, nous avions d'énormes soldes bancaires en Europe, mais ceux-ci étaient soit gelé, comme en Allemagne, ou payables immédiatement en monnaie-papier, comme en Angleterre. En aucun cas, aurions-nous pu obtenir de l'or en échange. Cependant à New York, l'Europe pouvait demander le paiement de tous ses avoirs immédiatement en or. Certes, l'Europe devait 250 millions de dollars par an au Trésor Public des États-Unis au titre de ses dettes de guerre, ce qui aurait fait une contrepartie de taille par rapport à ses exigences d'or envers nous, mais on lui avait accordé un moratoire d'un an sur cette obligation, c'est pourquoi il n'y avait pas la moindre contrepartie. Certes, nous avions fait d'immenses investissements en Europe, principalement en Allemagne, mais si nous les avions vendus, nous n'aurions pas pu obtenir d'or en échange, alors que les investissements allemands dans notre pays pouvaient être vendus, et convertis aussitôt en or. S'il est vrai que nous aurions pu vendre des dollars en Allemagne ou à Londres, nous ne pouvions pas pour autant, obtenir de l'or en échange, alors que l'Allemagne pouvait vendre les marks-papier à New York et obtenir de l'or pour eux ; l'Angleterre pouvait vendre des livres-papier à New York et obtenir de l'or en échange. L'illustration étrange et ultime de ceci pouvait être telle, que le titulaire d'un billet de banque imprimé en livre sterling ne pouvait pas aller à sa propre Banque d'Angleterre et obtenir de l'or en échange, mais qu'il pouvait l'envoyer à New York, le vendre sur le marché des devises et encaisser ses revenus en or.

Un pays adoptant l'étalon-or pour sa monnaie doit être prêt à honorer chaque type d'obligation sur papier, non par son équivalent or, non par un crédit d'or, non par quelque chose qui peut être vendu ailleurs en échange d'or, mais par l'or lui-même, à l'instant, dans l'éventualité, et lorsqu'il y a demande d'échange en or ; et il doit le faire sans objection ni hésitation. Par conséquent, la seule protection dont un pays de l'étalon-or dispose contre une ruée sur sa réserve d'or consiste a continuellement encaisser de ses débiteurs autant qu'il a distribué de paiements au total ; son revenu à l'étranger doit être l'équivalent de sa dépense à l'étranger, faute de quoi il perdra son or. Mais nous avions soulagé nos débiteurs. Nous les avions délivrés de leurs obligations envers nous, sans limiter en aucune manière nos obligations à leur égard. Une grâce à sens unique. Ainsi, bien qu'ils nous doivent plus de dix milliards de dollars sous forme de dette publique sur lequel nous leur avions accordé un moratoire d'un an, et sous la forme de dette privée dont nous ne pouvions obtenir aucun remboursement en or, en dépit de ce qu'elle ne soit pas en défaut, et sous la forme de crédits en souffrance, tels qu'ils étaient octroyés à court terme en Allemagne et en Autriche, crédits au sujet desquels nous avions accepté de ne pas exiger le paiement, et sous la forme de soldes bancaires dans toute l'Europe qui furent tout simplement congelés ; étant donné que toutes ces sommes nous étaient dues, l'aberration était que l'Europe pouvait néanmoins exiger le paiement sans délai et en or de tous ses avoirs à New York, pour un montant de plus ou moins un milliard de dollars, tel que nous l'avons estimé. Et nous avons été obligés, soit de renoncer à l'or soit de renoncer nous-mêmes à l'étalon-or. Si nous refusions la livraison d'or une seule fois, à cet instant nous avions abandonné l'étalon-or.

Comme c'était grotesque ! Des débiteurs qui nous sont redevables en tout état de cause, de beaucoup plus que ce qu'ils peuvent payer, eux-mêmes protégés par une grâce, par un moratoire ou par insolvabilité, ceux-là sont encore en mesure de s'accaparer la réserve d'or américaine et de la dépouiller en grand style. Durant juillet et août l'Europe engloutit un milliard et demi de dollars-or en crédits américains, largement sans contrepartie, tout simplement parce qu'elle en a désespérément besoin ; en Septembre, elle se rue sur l'or du système bancaire américain, et le système bancaire américain est sans défense.

Nous nous attendions, dans notre suffisance, à perdre un peu d'or. Nous avons songé à l'Europe et à ses difficultés et songé à la manière dont nous pourrions aider à raffermir l'Angleterre vis-à-vis de l'étalon-or. Une façon d'aider consistait à ne laisser aucun obstacle susceptible de s'opposer à un mouvement naturel de l'or sur son chemin depuis notre pays vers l'Europe. Nous étions prêts à vendre et prêter l'or dont nous pouvions nous passer. Mais nous n'étions pas préparés à un pillage.

L'Europe a non seulement demandé que ses dépôts auprès des banques américaines lui soient immédiatement payées en or ; elle a commencé à vendre ses placements américains à court terme, à vendre même ses obligations et actions américaines, et à exiger le solde en or, et ce à un moment où notre propre liquidation interne nous inondait et mettait la structure bancaire américaine toute entière sous une formidable pression. L'une des principales causes de notre propre liquidation interne était l'état de gel et d'agonie dans lequel les investissements américains se trouvaient en Europe. Les banques américaines ont par exemple été obligées de vendre des obligations américaines les mieux notées, même les obligations d'État, parce que leurs énormes actifs en Europe, notamment en Allemagne, ne pouvaient être liquidé. Voilà que cette revente par l'Europe de ses placements américains survient alors, sans aucune autre idée que d'obtenir sa contrepartie en or.

En six semaines, nous avons perdu à proprement parler, 750 millions de dollar de pièces d'or et lingots. C'est près d'un sixième de l'ensemble de notre stock d'or monétaire. À ce rythme, nous devrions en être entièrement dépourvus en moins d'un an.

Mais le problème n'était pas simplement que la nécessité pour l'Europe d'avoir cet or fût supérieure à la nôtre, pas plus que la simple possession de celui-ci ait permis de guérir un quelconque mal économique dont elle souffrait. Le pillage fut davantage motivé par la peur et la panique que par nécessité économique. Et ce n'était pas tout. L'Europe désirait l'or en lui-même, le voulait tant qu'elle pouvait s'en saisir, tant qu'elle tenait Shylock par les cheveux. L'or en lui-même ! Le pouvoir de le posséder ! L'or américain ! La tentation de nous piller fut irrésistible.

Cet étrange aspect de la situation était à présent clairement confirmé par les chiffres quotidiens relatifs à l'endroit où l'or s'en allait. Angleterre avait besoin d'or ; cela ne faisait pas de doute. Mais à notre grande surprise, l'Angleterre n'en recevait pas. Des 750 millions de dollars provenant de la réserve américaine, que nous avons perdus au cours des six premières semaines, la France à elle seule a pris plus d'un tiers, soit près de la moitié, et elle n'en avait aucun besoin, car elle avait déjà plus d'or en sa possession que tout autre pays, hormis les États-Unis, et relativement, elle en avait plus que nous en possédions.

Quand la Banque d'Angleterre a suspendu ses paiements d'or, le stock de notre or monétaire était de cinq milliards de dollars ; les Français en avaient pour 2,33 milliards. Mais notre population fait le triple de celle de la France ; notre richesse nationale peut facilement faire cinq ou six fois la sienne. Par conséquent, la France avait plus d'or que notre pays, relativement à son poids économique et à son rang. Notre stock d'or monétaire était inférieur à 42 dollars par habitant ; le sien était de plus de 57 dollars par habitant. Pourtant depuis le début, c'est la France qui était la première, dans la ruée sur la réserve d'or américaine.

Pourquoi voulait-elle de l'or ? Craignait-elle que les États-Unis n'abandonnent l'étalon-or ? Si c'est le cas, a-t-elle été saisie par cette crainte tout à coup ? Cela ne ressemble pas aux banquiers français. À en juger par leur passé, ils voient loin et droit pour la France.

En tout cas, tout ce que la France pourrait faire avec l'or serait de l'épargner ; et à cet effet elle a construit une chambreforte unique au monde après la guerre. Chaque pays, bien sûr, dispose d'immenses chambres anti-effraction pour ses réserves d'or. Mais la France a décidé d'en creuser une si profonde et forte et si mystérieuse, que pas même une armée moderne victorieuse ne pourrait y entrer par effraction. Vous pourriez faire sauter la Banque de France avec des bombes et son or se trouverait d'autant plus en sécurité. La chambre est grande de deux acres[2] et demi ; elle se trouve à deux cents pieds de profondeur[3] sous terre. Dessus, il y a d'abord quarante pieds d'eau, soit un lac qu'ils ont formés par le barrage de la rivière souterraine qui coule sous Paris, puis au-dessus de l'eau il y a cinquante pieds de roche dure. Le chemin pour y accéder passe par six tours en acier avec portes tournantes mues par des moteurs électriques, et le passage de descente peut être inondé sur commande en un instant. Au signal de l'alarme, une part des défenseurs disparaitrait immédiatement par ce passage, laissant l'eau s'écouler après eux, et serait oubliée — en toute sécurité pour un temps indéfini, ou pour la durée de la guerre, parce que tout a été pensé à l'avance. Ceux-là trouveraient dans la chambre au stock d'or, une cuisine, des provisions suffisantes pour deux ou trois expéditions dans l'Arctique, de la vaisselle, du linge, des lits, tous les équipements pour un entretien ménager confortable.

À commencer du, ou vers le 20 Septembre, chaque navire rapide partant de New York pour les ports français transportait de l'or qui était acheminé vers cet abri. Les mêmes navires rapides ou d'autres, transportaient également de l'or à destination de la Hollande, de la Suisse, de la Belgique et de l'Allemagne. Même vers l'Allemagne, cependant que les trois quarts de milliard de dollars américains s'y trouvaient gelés sous la forme de soldes bancaires et que les crédits à court terme y étaient en souffrance — même l'Allemagne pouvait prendre de l'or à New York.

De perdre en six semaines trois quarts de milliard de dollars en or, sans avoir aucune indication à quel moment et de quelle manière la ruée prendrait fin, et ne connaissant aucun moyen de

---

[2] 1 acre = 2,47 hectares
[3] 200 ft = 61 mètres

l'arrêter, cela constitua une affaire très grave pour notre pays, notamment dans le contexte des tensions internes auxquelles il était soumis. Aucun pays, quelles que soient les conditions, ne pouvait perdre durablement de l'or à ce rythme ou dans cette proportion préserver l'étalon-or. Ce serait même vrai si le pays avait, au départ, tout l'or du monde.

Nous n'avons eu qu'à nous en prendre à nous-mêmes. Une grâce à sens unique ; aucun moyen d'auto-défense. Nous sommes empêtrés avec notre talon en or dans les nasses que nous avions fabriquées pour notre propre usage. Nous les avons fabriquées et nous sommes allés directement dedans. De devoir laisser notre réserve d'or à la merci d'une attaque étrangère en règle, cela n'était pas une chose inévitable. Une fois que nous l'avions fait, cependant, l'attaque, toutes les conséquences naturelles, étaient inévitables. Mais cela ne veut pas dire que le comportement de l'Europe fut en tout point tel qu'on aurait pu s'y attendre. Par exemple, qui aurait pu prévoir, parallèlement au pillage de la réserve d'or américaine, que soit lancé une campagne de rumeurs, d'insinuations et de propagande remettant en cause la valeur des dollars américains ? C'est aussi arrivé, et ceci n'était certainement pas inévitable, pas même de notre point de vue naïf.

En France, la campagne fut subtile et ingénieuse ; en Angleterre franche et brutale. Pendant que la Banque de France prenait de l'or à New York, les rumeurs d'un effondrement financier imminent aux États-Unis, se répandait depuis Paris à travers toute l'Europe et les journaux français ne cessaient de proclamer d'une seule voix que le franc était la vraie monnaie d'or de référence pour le monde. Puis les nouvelles mentionnèrent comment le président Hoover avait encouragé les banquiers américains à mobiliser les ressources de crédit du système bancaire américain contre la marée des liquidations qui déferlait sur New York — liquidations étrangères destinées en grande partie à produire de l'or pour l'Europe, et instantanément, à l'apparition de ces nouvelles, sans attendre davantage de détails, les leaders de l'opinion publique en France ont prononcé un jugement sensationnel. Les États-Unis s'étaient engagés sur la voie de l'inflation, disaient-ils. C'était le début de la fin du dollar en or. Les gens allaient-ils le croire enfin ? Le franc était la vraie monnaie en or du monde.

Dans toutes les capitales financières de l'Europe, la valeur du dollar américain baissa immédiatement. En Pologne, où le dollar avait été une unité standard de valeur pendant des années, servant même à titre de garantie pour la monnaie polonaise, il y eut une panique au dollar. Le correspondant du *New York Times* à Varsovie câbla, le 9 Octobre : « Une mouvement de fuite hors du dollar a commencé ce matin succédant séance tenante aux rapports alarmants de Paris selon lesquels le gouvernement des États-Unis avait décidé d'abandonner l'étalon-or, et l'augmentation de l'émission de billets de banque en dollars avait fait l'objet de discussions à Washington. » La population polonaise se rappelant de ce que l'inflation voulait dire, a vendu un million de dollars américains au cours de quatre-vingt-dix-neuf cents en une seule journée à la Banque de Varsovie. La panique a duré plusieurs jours, puis elle se calma avec la constatation perplexe que les rumeurs venant de Paris étaient fausses.

La campagne britannique était dirigée par le groupe de presse Rothemere, qui avait une circulation quotidienne de journaux de cinq millions d'exemplaires au total. Jour après jour, ceux-ci imprimaient, sous leur titre en grosses lettres, l'opinion éditoriale selon laquelle la chute du crédit américain était imminente, avec l'exhortation à vendre des dollars, et des titres en dollars pendant qu'il était encore temps de les convertir en or. Par exemple : « RAPPATRIEZ VOTRE ARGENT EN GRANDE-BRETAGNE ». — Les recommandations concernant l'Amérique indiquent une situation grave. Il s'agit donc d'un moment favorable pour revendre les titres en dollars et ramener de l'argent dans ce pays. » Mais encore : « VENDEZ LES TITRES EN DOLLARS ET EN FRANCS. — Ne vous laissez pas prendre au piège. Quand le choc atteindra Wall Street, la réaction pourrait être de grande ampleur. » Et un autre jour : « QUI SERA LE PROCHAIN À QUITTER L'ETALON-OR ? La situation bancaire américaine ne montre aucun signe d'amélioration. » Et ainsi de suite, toujours dans ce style et dans ce sens, jour après jour, avec la Banque d'Angleterre et le Trésor britannique redevables à New York de 350 millions de dollars-or.

Les nerfs financiers du monde sont raides de tension. Ils sont sur le point de rompre tant ils ont été rongés et érodés. Tous les contours de l'insolvabilité sont flous. À cet instant, le premier ministre de la France doit rendre visite au président des États-Unis pour examiner avec lui les problèmes du monde et d'explorer toutes les solutions.

Que put donc bien vouloir la France ? En principe, nous savons déjà ce qu'elle veut, et même en particulier, à certains égards. D'abord, elle veut se débarrasser de ses dettes de guerre au Trésor Public des États-Unis. Elle souhaite que le gouvernement américain la délivre de ces dettes et les fasse prendre en charge par le contribuable américain. D'ici là, elle veut continuer à recevoir des indemnisations de l'Allemagne. Par conséquent, elle veut sauver le plan Young, que l'Allemagne, l'Angleterre et de nombreux Américains aussi, ont cru mort depuis la conférence de Londres l'été précédent, cela d'autant plus après le rapport de la commission d'expertise Wiggins. La raison pour laquelle elle veut sauver le plan Young, c'est qu'il prévoit en particulier que des paiements annuels importants doivent être versés à la France par l'Allemagne, avant que quiconque ne doive recevoir la moindre indemnisation. Elle ne veut pas que le moratoire de la dette de guerre Hoover soit prolongé au-delà de cette année ; elle préfère recevoir davantage d'argent de l'Allemagne au titre d'indemnisations, que ce qu'elle paie au Trésor des États-Unis au titre de ses dettes de guerre, comme c'était le cas auparavant. Le moratoire n'était pas loin de lui coûter 100 millions de dollar par an, soit l'excès de ses indemnisations allemandes sur ses paiements au Trésor des États-Unis ; c'est ce que cela lui aurait coûté si elle n'avait pas exigé un traitement de faveur en tant que créancier allemand prioritaire. Ensuite, la France désire en principe toute chose pourvu qu'elle augmente sa puissance et son prestige dans le monde.

Quel peut bien être l'intérêt de tout ceci par rapport à la crise de l'or ? Eh bien, l'intérêt de tout ceci dans la crise de l'or apparaît immédiatement en l'occurrence.

Pendant que le premier ministre de la France prenait la haute mer dans notre direction, et que les journaux publiaient en gros titres des articles sur le caractère historique de sa visite, nous sommes soudain stupéfaits d'apprendre par les nouvelles que la Banque de France a posé un ultimatum au système bancaire américain. L'ultimatum est le suivant : la France ne peut se permettre plus longtemps de laisser ses avoirs à New York, à moins que le taux d'intérêt soit relevé. Si le taux d'intérêt n'est pas relevé, elle se sentira obligé de rapatrier le reste de ses avoirs. Et le reste du solde à son crédit est de 600 millions de dollars.

Voici comment la nouvelle parut dans le *New York Times* au matin du 20 Octobre : « La Banque de France, dont le solde des avoirs à court terme est d'environ 600 millions de dollars sur ce marché, a notifié aux banques de New York que le taux d'intérêt d'un pour cent actuellement versé par des institutions locales sur les dépôts de banques centrales étrangères, n'était pas satisfaisant. La banque d'émission française a indiqué qu'à moins d'obtenir un taux plus élevé, elle chercherait une autre attribution pour ses énormes avoirs en dollars. »

« Comme la demande française d'un taux d'intérêt plus élevé emportait avec elle la menace implicite de retrait des avoirs français en dollars sous forme d'or, elle suscita une réaction mitigée à Wall Street. » En interprétant cette décision comme une tentative d'imposer de force des conditions à notre marché, en vertu desquelles la France s'abstiendrait de rapatrier son argent, certains banquiers déclarèrent catégoriquement, se résoudre à voir partir les fonds. Malgré les lourdes pertes d'or récemment essuyées par le pays, ils ont argumenté que les États-Unis n'avaient rien à craindre d'une telle action de la part de la France et beaucoup à gagner à se débarrasser d'une lourde contrainte qui, dans d'autres circonstances, pourrait s'avérer embarrassante.

D'autres grands banquiers ont exprimé la conviction que la Banque de France serait satisfaite avec un taux à peine plus élevé, peut-être de deux pour cent. Ils avaient tendance à formuler ce point de vue comme une indication de ce que l'on pouvait arriver à des arrangements à l'amiable afin de garder chez nous la somme des avoirs français. »

Tout d'abord, le chiffre était prodigieux. Pendant longtemps, la France avait fait ici ce qu'elle avait fait en Angleterre, à savoir accumuler d'énormes soldes créditeurs. Leur importance était beaucoup plus grande que nous l'avions réalisé, c'était beaucoup plus que Wall Street n'en avait eu connaissance elle-même, étant donné, bien sûr, qu'ils ne se trouvaient pas tous déposés au même endroit.

Deuxièmement, qu'est-ce que ces soldes de crédit français pouvaient représenter ? Outre les produits normaux du commerce laissés en dépôt auprès de banques américaines, ils représentaient (a) des chèques en dollars encaissés par les touristes américains en France, et (b) l'argent américain prêté à l'Allemagne afin de payer des indemnisations à la France. Ces opérations sont faciles à comprendre. Tandis que les banques françaises encaissaient des chèques en dollars des touristes américains, elles ont contracté le crédit pour ceux-ci dans les banques américaines. Ce crédit dans les banques américaines était un crédit d'or ; donc la Banque de France l'avait traité comme réserve d'or, comme s'il s'agissait d'or déjà en ses mains, et elle émit en contrepartie, la monnaie française destinée à la circulation en France. Elle opéra aussi de la même manière avec les crédits américains accordés à l'Allemagne afin de payer les indemnisations. Les Allemands transférèrent ceux-là à la France sur les livres des banques américaines, et les Français le laissèrent chez nous avec intérêts.

Troisièmement, par quelle bizarrerie extravagante la France, notre débiteur, nous étant redevable de 3 milliards de dollars dans une poche, sur lesquels elle ne nous paie rien cette année, peut encore demander 600 millions de dollars en or venant d'une autre poche ! Elle en a le droit. Si elle insiste, nous sommes tenus de lui donner l'or. Mais elle ne peut le faire que parce que ses paiements au Trésor des États-Unis sont suspendus pour un an par la grâce d'un moratoire américain.

Quatrièmement, le fait que la banque centrale d'un pays mette en demeure le système bancaire d'un autre pays parce que le taux d'intérêt pratiqué est trop faible, ou pour toute autre raison, à la suite de quoi il se voit obligé de rapatrier la totalité de ses avoirs en or, une telle chose était du jamais vu jusque-là dans notre pays. Personne n'aurait pu se l'imaginer. Ce n'est pas la façon dont les choses se produisent dans le cours normal de la finance internationale. Les balances de paiement sont continuellement en mouvement. Si le taux d'intérêt est plus élevé à New York qu'à Londres, les capitaux se déplacent automatiquement à New York, ou si le taux d'intérêt est plus élevé à Londres, ils passent de New York à Londres, et pas un mot ne tombe à ce sujet. Les seules nouvelles qui s'y rapportent se trouveront dans les statistiques de la banque.

Ceci dit, la Banque de France savait très bien que la perte supplémentaire de 600 millions de dollars-or en une fois, en plus de ce que nous avions déjà abandonné au profit de l'Europe — et la majeure partie de ceci à la France — produirait des conditions très graves pour notre pays. Et on notera que si les Français croyaient vraiment ce qu'ils avaient dit en Europe au sujet du dollar et sur la situation financière américaine en général, ils devaient tout de même avoir cru que la demande de 600 millions de dollars-or supplémentaires en une fois à New York expulserait notre pays au hors du système de l'étalon-or. Bien sûr, dans ce cas — à supposer que le dollar prenne le chemin de la livre sterling — le franc français serait alors assurément la première monnaie-or et elle gouvernerait le monde de la finance.

Le voulait-elle vraiment ? C'est là une question très intéressante. Comme proposition purement financière, si la Banque de France avait réellement pour but de rapatrier son solde créditeur de 600 millions de dollars-or, on peut supposer qu'elle n'aurait pas eu la stupidité d'annoncer son intention à l'avance. Tout banquier de village serait plus adroit. En fait, par conséquent, la Banque de France bluffait vraisemblablement. La Banque de France est à la France ce que la Banque d'Angleterre est à la Grande-Bretagne. En finance, c'est elle la France. Par conséquent, il s'agissait de la France qui aurait bluffé et cela nous amène en une fois par-delà la finance, dans les hautes sphères politiques.

Sous prétexte de ne pas se satisfaire du taux d'intérêt à New York, la Banque de France nous a révélé, elle a révélé à Europe, au monde entier, le fait étonnant que la France avait le pouvoir, pas tout à fait mais presque, de projeter le système bancaire

américain en dehors de l'étalon-or ! Le pouvoir d'envoyer le
dollar américain rejoindre la livre sterling !

C'était une chose susceptible d'être agitée à tout moment par
le premier ministre, quand il devait commencer à examiner les
problèmes du monde et envisager des solutions avec M. Hoover à la Maison Blanche. Cependant il s'agissait, en même
temps, d'une révélation qui n'était d'aucune manière conçue
pour soulager la nervosité existant alors chez nous et partout
ailleurs, ni même une chose de nature à freiner la thésaurisation
de l'or par les individus — une tendance qui suscitait déjà
l'inquiétude dans le monde entier et qui menaçait de devenir
incontrôlable.

Il y eut à Washington quelques instants emplis d'anxiété. Les
déclarations publiques furent contrôlées, censurées, atténuées,
de peur que quelque chose puisse se dire à haute voix qui offen-
serait les sentiments de la France. Que ferait Wall Street ? Que
pourrait-elle faire ? Quand bien même elle serait disposée à relever le taux d'intérêt, conformément à l'ultimatum de la
Banque de France, il n'en reste pas moins que ce serait une reconnaissance du pouvoir de la France. Mais si elle refusait, alors
que se passerait-il ? La France exigerait-elle réellement de l'or ?

Du point de vue de Wall Street pourtant, il ne pouvait y
avoir qu'une seule chose correcte à dire. Que l'on se souvienne
encore longtemps et que l'on mette alors à son honneur, que
Wall Street l'ait dite. Voilà ce que c'était : « Nous payons chez
nous les intérêts au taux de New York, quel qu'il soit. Si la
France veut récupérer ses avoirs, qu'elle les prenne. Si elle les
veut en or, l'or sera à sa disposition. »

La très honorable « Chronique financière », munie de son
prestige biblique à Wall Street, déclara ceci : « Cet acte a été
ressenti comme une tentative d'exercer une pression financière
sur les États-Unis, en s'inspirant des manières qui ont été adop-
tées de temps à autre au cours de manœuvres politiques européennes récentes.

« Nos banquiers sont convaincus que notre pays n'a rien à
craindre d'une telle mesure, à condition que les Américains eux-
mêmes ne se laissent pas perturber. Nous pensons qu'il est
convenable pour nos institutions bancaires d'adopter cette atti-

tude. En retirant de grandes sommes de crédits à court terme qu'elle avait investi là-bas, la France contribua, pour une part non négligeable, à l'écroulement financier de l'Allemagne, son action ayant alors été suivie d'un retrait général de crédits et de dépôts par d'autres gouvernements étrangers. On estima alors que son objectif avait été essentiellement politique. Mais plus tard, elle commença également à se livrer au retrait de capitaux et de fonds déposés en Grande-Bretagne, et quand la banque française fut amenée à s'inquiéter des conséquences possibles, elle se remit finalement à coopérer en accordant de nouveaux crédits à la Banque d'Angleterre et à la Grande-Bretagne. Mais il était trop tard pour sauver la Grande-Bretagne de la suspension des paiements en or. »

« De la même façon, la France s'engage maintenant dans des opérations massives de retraits à New York, bien que nous ne pouvons nous résoudre à croire que, ce faisant, la Banque de France poursuive un quelconque motif inavoué. Quoi qu'il en soit, le résultat fut de susciter un sentiment de méfiance à travers toute l'Europe et de conduire d'autres pays européens à réaliser des retraits importants chez nous, soit en particulier, la Hollande, la Belgique, et la Suisse. Dans ces circonstances, la meilleure chose sans aucun doute reste d'ignorer toutes les menaces (si tel est qu'elles aient vraiment été faites) et de laisser la France faire le pire si tel est réellement son penchant. »

Toute autre façon de parler à la Banque de France aurait déprécié le crédit américain aux yeux du monde. L'effet produit par cette manière de parler fut immédiat. Dans toutes les capitales financières étrangères, le dollar acquit un nouveau prestige et sa valeur augmenta. Lorsque les événements chaotiques de 1929 seront remis en perspective, il se pourrait bien que l'entêtement de Wall Street à cet instant s'avère d'une importance cruciale, non seulement pour notre pays mais pour tout un monde, qui avait besoin plus que toute autre chose alors, d'une base stable sur laquelle il pouvait laisser reposer sa confiance.

Ainsi, il s'est avéré que lorsque le premier ministre de la France a débarqué à New York, ce qu'il tenait dans sa main n'avait plus la même allure que ce qu'il avait emmené au départ avec lui. Néanmoins, il ne put s'empêcher de l'utiliser pour se donner un air magnanime. Il s'est engagé pour la France à aider les États-Unis dans le maintien de l'étalon-or.

Le paragraphe suivant apparaissait dans la déclaration conjointe faite par le président Hoover et le premier ministre Laval le 25 Octobre, à la Maison Blanche : « nous sommes tout particulièrement convaincus de l'importance de la stabilité monétaire, comme un facteur essentiel dans le rétablissement de la vie économique normale dans le monde. Le maintien de l'étalon-or en France et aux États-Unis constituera en cela, une influence majeure ».

Et quelle pouvait être la contribution française à la stabilité monétaire du monde ? Qu'est-ce que la France pouvait faire pour aider les États-Unis dans le maintien de l'étalon-or ? En l'occurrence ceci : dans l'attente d'un réexamen de sa dette de guerre envers le Trésor Public des États-Unis et dans l'attente d'un réexamen de la capacité de l'Allemagne à payer conformément au plan Young, par lequel la France acquière le statut de créancier privilégié, la France ne présenterait plus d'exigences anormales à la réserve d'or américaine.

Dans son reportage sur les conversations entre Hoover et Laval, le correspondant du *New York Times* à Washington a écrit le 26 Octobre : « En toute prudence, la déclaration conjointe rendit public que le président Hoover et le premier ministre Laval avaient décidé que leurs deux gouvernements devraient s'unir afin de préserver l'étalon-or. Parmi les choses obtenues, se trouvait l'assurance par le premier ministre Laval, que les mouvements anormaux concernant l'or de New York seraient arrêtés, et l'assurance que le réexamen de la capacité de l'Allemagne à payer des indemnisations, devait être fait en vertu des dispositions existantes du plan Young, l'assurance que les États-Unis reportaient à une date ultérieure l'enquête sur les dettes européennes destinée à déterminer la capacité des pays débiteurs à rembourser, après l'enquête par un comité du plan Young, sur la situation financière de l'Allemagne ».

« Anormales » est un mot étrange à utiliser pour décrire les exigences d'une nation sur les réserves d'or de l'autre. En ce qui concerne les exigences d'une nation débitrice sur les réserves d'or de son créancier, il n'en n'est que plus étrange. Et que le pays débiteur soit en mesure d'obtenir la reconnaissance du pays créancier en promettant de se retenir de faire des demandes anormales sur la réserve d'or du créancier, ceci est plus qu'étrange. Comment expliquer la moindre possibilité d'exigences anormales faite par la France en ce qui concerne la réserve d'or américaine ?

Là encore, qu'est-ce ce qui est *anormal* ? M. Laval voulait-il dire anormal par principe, peut-être ? Il reprit la mer le lundi 26 Octobre. Ce jour là, la Banque de France retira 20 millions de dollars-or de plus de New York, le mardi 18 millions, mais le mercredi seulement 3,5 millions. Pourtant, 41,5 millions de dollars-or retirés en trois jours, voilà qui est beaucoup, à n'en pas douter. Cependant, il y avait des signes, alors que la marée recommençait à baisser. Tout en abandonnant encore largement de l'or à la France, simultanément nous recevions à nouveau de l'or, car à nouveau, le dollar avait enfin son propre bien-être en tête et la confiance du monde dans le crédit américain était en hausse.

Un pays lié à l'or est comme une banque. Sa première responsabilité est soi-même, au nom de l'intégrité de sa monnaie, de son crédit et de ses actifs, et s'il acceptait que cet impératif soit subordonné à un sens des responsabilités envers d'autres, peu importe l'intention, il échouera dans sa responsabilité envers les autres parce qu'il a oublié que la première responsabilité existe vis-à-vis de lui-même. Il n'y a aucune autre loi.

Dans l'un des mauvais moments octobre dernier un membre du Conseil de la Réserve fédérale a entendu dire : « C'est non seulement la pire crise financière de toute l'histoire. Il manque aussi quelque chose qui était toujours là auparavant. Partout dans le monde, il y a ce sentiment de quelque chose qui manque, comme un rocher familier, un principe immuable, une roue de balancier. Et quelle chose ? C'est la Banque d'Angleterre qui manque. La valeur de la livre sterling est incertaine, changeant d'heure en heure. Nous n'avons jamais eu à composer avec cela auparavant. »

Il en fut ainsi. Et c'est pourquoi la suspension des paiements d'or par la Banque d'Angleterre fut un incident financier épouvantable. Finit l'époque durant laquelle la livre sterling valait 4,86 dollars-or partout dans le monde. Elle n'était plus l'unité universelle de valeur dans laquelle toutes les autres choses étaient évaluées. À présent, la livre sterling elle-même doit être étiquetée en d'autres prix, comme en dollars américains, par exemple. Alors, supposons que la même chose doive se produire avec le dollar, lequel était récemment devenu, selon l'opinion mondiale, l'unité dont la valeur était la plus stable, juste après la livre. Supposons que le dollar, au lieu de valoir ses cent cents en or partout dans le monde, doive être ramené au prix de quatre-vingt-dix cents, de quatre-vingts cents, de soixante-dix cents, en termes de quelque chose d'autre, peut-être de franc français.

La longue et habituelle domination de la livre sterling en tant qu'unité universelle de valeur à travers toutes les époques financières, à l'exception de la guerre, avait valu à la Grande-Bretagne un revenu de trois ou quatre cents millions de dollars par an en provenance du reste du monde sous forme de profits bancaires, c'est-à-dire les remises, les commissions, les intérêts et frais. La domination du dollar américain dans le commerce et les échanges mondiaux à la place de la livre sterling, vaudrait 300 ou 400 millions par an à notre pays. Ou, si une telle suprématie passait au franc français, il en vaudrait 300 ou 400 millions par an à la France.

Ainsi, on peut voir ce qui était impliqué dans ce qui se passait entre le dollar et le franc, simplement en termes de revenu national ; on peut voir aussi ce que la Grande-Bretagne avait perdu. On peut comprendre en même temps que, lorsque les Britanniques disent que ce fut une bonne chose pour l'Angleterre d'abandonner l'étalon-or, ils indiquent seulement que c'était une bonne chose pour l'Angleterre d'avoir embrassé à temps une amère nécessité, car pour peu qu'elle ait attendu, ses malheurs auraient pu devenir irrémédiables. À présent, elle devra travailler plus durement, négocier plus durement, dépenser moins, vivre un peu moins, jusqu'à ce qu'elle soit à nouveau suffisamment solvable. Son exportation de marchandises va augmenter pour plusieurs raisons. Elles seront au prix de la livre sterling dépréciée, ce qui signifie qu'il sera moins cher pour le monde de les acheter, ou pour le dire autrement, la monnaie d'or d'autres gens permettra d'acheter plus qu'auparavant, en Angleterre. Les prix vont augmenter en Angleterre, mais pas autant que la valeur de la livre sterling ne décline à l'extérieur ; pendant que les prix augmentent en Angleterre, les salaires réels vont baisser, c'est pourquoi le coût de la main-d'œuvre de production de biens britanniques va tomber, et avec lui le niveau de vie en Angleterre, au moins temporairement. Et tout cela doit arriver à tout autre pays qui perd la pleine convertibilité de son argent.

Certes, vous entendrez certains économistes britanniques prétendre que ce n'était pas l'Angleterre qui faisait défaut à l'étalon-or ; que c'était l'étalon-or qui défaillait dans le monde. Par conséquent, disent-ils, le monde ferait bien d'essayer quelque chose d'autre en remplacement de l'étalon-or, et de voir si cela peut fonctionner mieux. C'est une nouvelle façon de penser en Angleterre, mais ailleurs elle est très vielle, celle de s'en prendre à l'argent ! Si l'Angleterre n'avait pas perdu son emprise sur l'étalon-or, elle serait la dernière à admette que l'étalon-or n'avait pas fonctionné durant ces trois dernières années — malgré son mécanisme impitoyable, c'est certain, mais qui fonctionnait néanmoins comme il se doit. Ce serait une chose triste à constater, une chose égoïste peut-être, et pourtant entièrement juste. Comment la livre sterling avait-elle donc acquis cette suprématie à travers le monde, pour commencer ? Son prestige tenait au fait que les Britanniques avaient toujours eu un sens supérieur de leur responsabilité envers eux-mêmes, c'est-à-dire, encore une fois, la responsabilité concernant l'intégrité de leur propre argent et de leur propre crédit ; et il s'est avéré, conformément à la règle, que plus ils étaient jaloux de ce sens principal de la responsabilité envers eux-mêmes, plus ils pouvaient être certains qu'ils ne failliraient pas dans ces responsabilités à l'égard du monde, y compris dans la responsabilité de bien veiller à la rondeur de la roue de la balance courante. C'est ainsi que la livre sterling devint un symbole de stabilité qui constitua un atout majeur pour le monde entier.

CHAPITRE VI
L'INVENTION DE L'OR

Inlassablement, les hommes qui se poursuivent, enfreignent eux-mêmes la loi.

L'essence véritable de l'étalon-or ne réside pas dans l'or, pas plus que la valeur d'un billet de monnaie-papier ne dépend de la qualité de sa gravure. L'essence véritable de cet étalon est une convention, et c'est la fiabilité de cette convention qui doit être préservée ; non pas la fiabilité de l'or, mais la fiabilité du crédit. L'or est la représentation formelle contingente dans laquelle la convention est matérialisée. Cela pourrait être n'importe quoi d'autre, sauf qu'une longue expérience a permis de constater que l'or convenait mieux que toute autre chose, simplement comme représentation formelle. À une autre époque, ce fut aussi l'argent. La livre sterling était à l'origine une livre d'argent. Le dollar américain était à l'origine en argent. Lorsque la représentation était l'argent, la convention n'en demeurait pas moins la même et les sanctions en cas de rupture de la confiance étaient les mêmes. La valeur de l'or est arbitraire comme l'est la longueur du yard[1] ; comme il est nécessaire de vendre de la toile au yard ou du charbon à la tonne, il est aussi nécessaire d'avoir une unité arbitraire de valeur dans laquelle on fixe le prix du yard de tissu et celui de la tonne de charbon. L'idéal serait d'avoir un bien de valeur absolument invariable qui déterminerait leur cours. Mais il n'existe aucun bien absolument immuable dans le monde. À cause de la relative constance de l'approvisionnement en or, à cause de l'inaltérabilité du métal, du fait que pendant des siècles, le montant de l'effort humain nécessaire pour l'extraire des roches a évolué très lentement — pour toutes ces raisons et d'autres encore, l'or est le bien le moins instable que l'homme a jugé apte à

---

[1] Ndlt : étalon de mesure anglo-saxon associé historiquement au commerce du drap.

lui servir comme monnaie, de là vient cette préférence. Jadis, c'était la quantité d'or qui importait simplement, en tant que monnaie. Ce n'est plus vrai actuellement. Le stock total en or monétaire du monde pourrait être rassemblé dans une grange de taille réduite. Et cependant, si le mécanisme du crédit et celui des échanges étaient parfaits, et si chaque personne se montrait digne de confiance quant au respect de la convention, digne de sa propre confiance, et digne de celle des autres, alors une tonne de cet or, une once de celui-ci, suffirait en fait pour atteindre le nouvel objectif.

L'une des caractéristiques extraordinaires de l'or est sa malléabilité. Quand il est disposé entre deux peaux fines en boyau de bœuf, il peut être battu à l'épaisseur impalpable d'un 300.000ème de pouce[2], de sorte qu'un seul grain *troy*[3] permet de couvrir une surface de 56 pouces carrés[4]. Le nombre de feuilles d'or pur en 4 x 7 inches[5] qui pourraient être battues à partir d'une once d'or[6] valant 20,60 dollars, suffirait pour y imprimer l'Ancien Testament en caractères de bible ordinaire, si les feuillets tenaient l'impression.

L'art traditionnel du battage de l'or peut susciter l'émerveillement. La malléabilité de l'or est encore davantage susceptible de stupéfier l'imagination dans sa dimension virtuelle. À partir de ce même métal ductile et accommodant, les hommes ont bâti une pure fiction, la signification même du métal et cette fiction est extensible et divisible à l'infini. Le surnom vulgaire donné à cette création de l'esprit à propos de l'or est le crédit. Le métier d'expansion et de segmentation du concept — c'est-à-dire le métier de la création de crédit et de sa mise en libre circulation — est dans les mains des banquiers, des systèmes bancaires et des gouvernements ; la convention, donc le vrai fondement de l'étalon-or, correspond tout simplement à leur entreprise consistant à faire en sorte que le montant du crédit créé et ensuite mis

---

[2] Soit l'équivalent de $12 \times 10^{-6} = 12$ micromètres
[3] Unité de mesure de poids équivalent à 64,8 milligrammes
[4] 56 in^2 = 3,612 m^2
[5] Format poche 10 x 18
[6] 31,1034 g

en libre circulation, conserve un certain rapport à la quantité d'or réelle en leur possession, ce rapport étant appelé ratio. Le rapport est occasionnellement variable. En pareil cas, sachant que le commerce mondial augmente plus rapidement que l'offre d'or, il existe vraiment un besoin croissant d'argent et de crédit, de sorte que le ratio peut être relevé.

Ce n'est pas le rapport lui-même qui est d'une telle importance, comme beaucoup de gens le pensent à tort, en particulier les débiteurs qui désirent en permanence de l'argent bon marché pour payer leurs dettes, ou d'un autre côté les créanciers, dont l'avantage se trouve dans l'argent cher. Les impératifs sont simples et au nombre de trois.

Premier impératif : il doit y avoir un certain rapport défini.

Deuxième impératif : celui-ci aura été convenu quand chacun se trouvait en pleine possession de tous ses sens.

Troisième impératif : que chacun se tienne de bonne foi à ce rapport.

Car on en vient maintenant à la fonction moderne de l'or qui est de limiter la quantité de monnaie et de crédit qui pourrait éventuellement être créée et mise en libre circulation intentionnellement et de façon irresponsable.

Le crédit organisé est une chose relativement étrange au sein de la vie économique. Des formes nouvelles et expérimentales de crédit sont constamment inventées et nous adorons nous leurrer avec ces inventions. Nous oublions que le crédit, quelle que soit sa forme, représente la dette sous son autre forme. Nous savons par nous-mêmes que nous sommes sujets à des crises d'exaltation et que nous sommes victimes d'illusions collectives ; qu'à nouveau une période viendra, durant laquelle la tentation de propulser la machine monétaire d'un mouvement frénétique, de sorte que tout le monde puisse devenir infiniment riche par le biais de la dette infinie, que cette tentation grandira une fois encore au point de devenir une obsession, comme ce fut le cas, par exemple, en 1928 et 1929. C'est avec cette conscience intelligente de nous-mêmes que nous nous arrangeons d'avance avec la raison ; nous convenons que l'argent, le crédit, et la dette, ne seront pas dilatés au-delà d'un certain rapport à l'or, sous peine de sanctions diverses, telles qu'il nous répugnerait de les payer, et en outre, telles que nous ne pouvons pas refuser de les payer sous peine de sanctions plus graves encore. Tant que la convention est maintenue raisonnablement et que la confiance règne à l'égard du crédit, personne ne veut d'or. Les gens savent en quoi la fiction consiste. Ils peuvent lire par eux-mêmes dans les chiffres publiés par la banque que ses dettes dépassent vingt fois ses réserves d'or, et pourtant ils ne ressentent aucune inquiétude quant à la valeur en or de leurs dépôts. Ils peuvent lire par eux-mêmes dans les chiffres du trésor public, que la réserve d'or n'est que la moitié ou un tiers de la quantité de papier-monnaie en circulation. Cependant, ils traiteront cet argent de papier comme si c'était de l'or. Personne n'imaginerait en rêve qu'un pays, qu'importe sa richesse, puisse rembourser ses obligations en or. Et pourtant, ses obligations seront traitées comme si elles étaient de l'or, et celui qui voudrait par hasard les échanger contre de l'or, pourrait l'obtenir librement. Pour autant que la convention soit préservée.

Est-ce à dire, comme certains de ces stupides manuels l'expliquaient jadis, que nous tentons tous notre chance au jeu sur une règle de moyenne illusoire ? Non, cela signifie une chose très précise. Cela signifie que si les richesses physiques de chaque type avaient été chiffrées en or toutes à la fois pour en faire l'inventaire, la valeur globale estimée ne serait pas inférieure au montant total de la monnaie en circulation et des crédits et des dettes en regard. Alors, la monnaie en général vaudrait la même chose que de l'or, l'ensemble du crédit serait crédit en or ; l'or en lui-même est une gêne dans la poche. Mais que la confiance soit détruite, que le délire s'installe, confondant fiction et réalité, et que la limitation du montant de crédits à mettre en libre circulation soit laissé à l'imagination, et l'on constate que même en lui attribuant un prix, il n'est plus possible de déterminer ce que la moindre chose doit valoir. Dans un premier temps, cette difficulté de connaître la valeur de toute chose ne fait qu'enflammer l'extase. Le prix de chaque bien sera augmenté, de plus en plus, pour s'assurer qu'il est suffisamment élevé ; l'illusion s'installera que les choses sont de plus en plus précieuses et rares. Elles sembleront être précieuses parce que la valeur de la monnaie et du crédit dans lequel elles sont vendues est en baisse ; elles sembleront rares, car les gens les achètent en prévoyant que leur prix va s'élever toujours plus. Soudain le doute et la panique surviennent. La signification de l'or a été corrompue par l'inflation insensée. La confiance est perdue. Les gens se précipitent tous d'un même élan pour s'emparer de l'or lui-même, comme étant la seule réalité subsistant encore. Ce ne sont pas seulement les individus ; ce sont des banques aussi et les grands systèmes bancaires. Les gouvernements mêmes se précipitent, faisant concurrence aux individus. C'est la crise financière. Tout cela est arrivé. Ce n'était pas l'étalon-or qui en a été la cause ; c'est la perte de confiance dans l'étalon-or et la situation serait donc identique si l'étalon était quoi que ce soit d'autre.

Et qui est responsable de la dégradation de la confiance ? En Amérique, personne n'est responsable. L'industrie bancaire américaine est ré-gie par la loi ; la loi postule que l'on ne peut s'attendre à ce que les banquiers ne se ruinent eux-mêmes, pas moins qu'ils ne ruineraient leurs déposants. Par conséquent, nous avons plus de règlementations pour encadrer la pratique bancaire que tout autre peuple — et plus de faillites bancaires, en dépit de celles-ci. Le gouvernement fédéral et celui des États emploient des milliers de contrôleurs qui font constamment le tour des banques et examinent leur comptabilité privée pour voir si elles sont solvables et respectueuses du droit et la loi dispose que lorsque ceux-ci jugent que l'une d'elles est insolvable, ils doivent la fermer immédiatement. Et même alors, ils échouent encore.

Nous partons du principe que la banque est plus intéressée par le gain que par sa propre solvabilité et que si celle-là n'est pas surveillée, son âpreté au gain la détruira. Par conséquent, elle doit être règlementée. Des contrôleurs investis du pouvoir de décision doivent se présenter à l'improviste et prendre la banque par surprise lors du moindre manquement, en disant : « Présentez immédiatement toute votre comptabilité » Et cependant, ils échouent. Il sera toujours impossible de garder une banque solvable par l'effet de la loi. La loi qui précise le risque maximal sur lequel une banque peut légalement s'engager avec l'argent des autres, s'avère être une loi de la sécurité minimale. Un bon banquier ne prendra pas simplement un risque parce que la loi dit qu'il y est autorisé ; il utilisera son propre jugement. D'un autre côté, un banquier téméraire saura trouver un procédé lui permettant de faire ce que sa cupidité convoite, quelle que soit la loi, au besoin même un procédé légal.

CHAPITRE VII
LE LIVRE DES AMORTISSEMENTS [1]

I.

« Afin de purger tout ça. »

— *RAMSAY MACDONALD, Premier Ministre de l'Angleterre,
au sujet des dettes et des indemnités de guerre, dans ses discours électoraux, 1931.*

« Cette besogne grossière appelée règlement d'arbitrage par plaisanterie. »

— *LLOYD GEORGE
Se référant à l'accord entre le Royaume Uni et le Trésor Public des États-Unis,
dans son livre intitulé « La vérité sur les dettes de guerre et les indemnités », 1932.*

Au printemps 1917, l'étoile du germanisme était en train de s'imposer. « On ne peut pas dire », comme écrivit le général Pershing, dans son rapport de conclusion, « que les espoirs allemands de remporter une victoire définitive étaient extravagants, quel que soit le point de vue que l'on adopte, celui du moment ou celui de l'histoire. Les problèmes financiers des Alliés étaient complexes, les ravitaillements étaient en voie d'épuisement et leurs armées avaient subi des pertes énormes. On constatait non seulement un découragement au sein des populations civiles, mais aussi au sein de toutes les armées. »

La situation financière était désespérée. Les Alliés faisaient face à la fin de leur crédit.

---

[1] Ndlr : Le chapitre porte le titre original à traduire littéralement par « Livre des Dettes », évoquant, avec une ironie typique chez l'auteur, le livre sacré des égyptiens appelé « Book of the Deads » : Le Livre des Morts.

En Mars, avant que les États-Unis ne soient entrés en guerre, l'ambassadeur américain en Grande-Bretagne écrivit à son frère : « Mon personnel et moi nous demandons, à tous, ce que les Américains peuvent faire de mieux pour contribuer à la cause. Les points de vue ne sont pas surprenants, mais ils sont intéressants. Jellicoe[2] : Plus de navires, des cargos, tout type de navires. Balfour[3] : Des crédits aux États-Unis en quantité suffisante pour maintenir le taux de change. Bonar Law[4] : même chose. Les militaires : un corps expéditionnaire, peu importe la modestie de sa taille, rien que pour l'effet du drapeau américain en Europe. »

Ce que Balfour entendait par des crédits en quantité suffisante pour maintenir le taux de change, était tout ce qui était propre à soutenir la valeur de change de la livre sterling britannique, c'est-à-dire encore, son pouvoir d'achat dans d'autres pays et surtout son pouvoir d'achat sur les marchés des États-Unis. Des crédits — crédits américains — signifiaient plus de nourriture, plus de ravitaillement, plus de munitions, même les navires que Jellicoe voulait. Le crédit voulait tout dire excepté les hommes ; et le problème des hommes était encore moins aigu que le problème du crédit. Une petite force expéditionnaire, même un seul régiment, afin de porter le drapeau américain sur la ligne de front pour produire son effet sur leur moral — oui, c'était très souhaitable. Mais, avant tout, le crédit.

« De leur propre aveu, au moment où nous sommes entrés en scène, les Alliés étaient arrivés au bout de leur latin quant à savoir vers qui se tourner pour obtenir le ravitaillement nécessaire. Quand les États-Unis ont ouvert leur chéquier, tout a changé. Ce fut l'aboutissement que nous connaissons. Notre soutien mit fin à la guerre. Nous avons fourni en quantité quasi illimitée les munitions nécessaires pour permettre aux Alliés de continuer à se battre pendant que nous faisions le recrutement et l'entraînement des hommes. Lorsque l'armistice fut signé, nous avions tous ensemble seulement deux millions d'hommes en France. Dans les

---

[2] Ndlr : Cet amiral britannique est nommé commandant en chef de la flotte principale de la Royal Navy dès le début de la Première Guerre mondiale.
[3] Ndlr : Premier ministre du Royaume-Uni et chef du parti conservateur.
[4] Ndlr : Politicien conservateur et successeur du précédent.

six mois, nous aurions pu en envoyer là-bas deux fois autant. Pour préserver notre potentiel expéditionnaire afin de faire traverser ces hommes, nous avons acheté de grandes quantités de munitions en Europe. Nous avons payé des prix plus élevés pour ces produits que ce que nous aurions eu besoin de payer chez nous, même avec le coût ajouté du transport sur l'océan, mais il était préférable de procéder ainsi et de réserver le transport pour les hommes. » Extraits de « Les Dettes Interalliées » de Harvey E. Fisk, publié par la Bankers Trust Company de New York, en 1924.

Le 6 Avril 1917, les États-Unis sont entrés en guerre en tant qu'associés, non comme alliés. Cette distinction a été jalousement maintenue jusqu'à la fin de la guerre, pendant la période d'armistice et à la Conférence de la Paix.

Quatre jours plus tard, le président du Ways and Means Committee[5] présenta au Congrès le premier décret des *Liberty Bonds* par ces mots : « Ce projet de loi contient la plus grande autorisation d'émission obligataire jamais contenue dans un projet de loi présenté à un corps législatif dans l'histoire du monde. »

Il a donné l'autorisation au Secrétaire du Trésor[6] d'emprunter cinq milliards de dollars sur le crédit du gouvernement américain ; et les trois cinquièmes de cette incroyable somme de cinq milliards[7] de dollars, devant être levée en une fois par la vente de *Liberty Bonds,* étaient destinés à l'achat au prix plein des obligations de gouvernements étrangers en guerre avec l'Allemagne. Tel était le crédit dont les Alliés avaient désespérément besoin ; et telle fut l'origine des dettes de guerre Le projet de loi fut adopté dans les deux semaines.

La première avance ne pouvait pas attendre les préparatifs et la vente de ces *Obligations de la Liberté.* L'argent fut emprunté au Trésor américain sur ses propres obligations pour accorder le prêt initial à la Grande-Bretagne.

---

[5] Ndlr : Le Comité des Voies et des Moyens gère l'ensemble des lois fiscales et douanières au parlement américain
[6] Ndlr : Ministre des Finances
[7] Ndlr : À titre de comparaison approximative : 1$ de 1917 = 100$ de 2014

Ce que cela signifie pour la Grande-Bretagne a été décrit par la plume distinguée de l'Ambassadeur Page dans une lettre au président Wilson, datée de Londres, le 4 mai : « J'ai entendu chaque discours dans les deux chambres concernant la résolution sur l'appréciation de notre entrée en guerre. Ce n'était pas du genre oratoire mais c'était bien dit et bien intentionné. Ils savent à quel point ils ont besoin d'aide et ils souhaitent réellement, en contrepartie, être aussi bons pour nous que leur insularité bienveillante le leur permettra. Ils sont en train de changer. Je ne peux pas décrire la différence énorme que la guerre a produite sur eux. Que l'on attende encore quelque temps et ils deviendront presque dociles. Mais nous sommes arrivés juste à temps pour eux — ceci est tout à fait exact. Si nous ne l'avions pas fait, le taux de change aurait baissé rapidement et ils le savent. Je n'oublierai jamais l'après-midi que j'ai passé avec M. Balfour et M. Bonar Law à ce sujet. Ils envisageaient la ruine totale sans notre aide financière ».

Comme le crédit était nécessaire immédiatement, le Congrès a voté ultérieurement par décrets, l'affectation du produit de Liberty Bonds pour sept milliards de dollars supplémentaires à prêter à des gouvernements étrangers en échange de leurs billets à ordre sans garantie, valant provisoirement comme émissions obligataires ; dans tous les cas ces billets devaient être remplacés plus tard par des émissions obligataires parallèles aux Liberty Bonds par lesquels le gouvernement américain avait emprunté l'argent. Le montant total ainsi autorisé était de dix milliards. Tous les décrets ultérieurs cependant, visaient simplement l'extension. Il était entendu que notre engagement à fournir du crédit était sans réserve et le caractère des transactions avait été définitivement établi.

Les prêts du Trésor Public américains à des gouvernements étrangers, commençant en avril 1917, ont pris fin en Novembre 1920, totalisant ainsi, un peu moins de onze milliards de dollars net. Ils se répartissent en trois grandes catégories, à savoir:

(a) les prêts pré-armistice,

(b) les prêts post-armistice, et

(c) les prêts de secours après-guerre, pour la reconstruction, le ratissage et pour permettre aux gouvernements européens d'acheter une grande quantité de biens américains excédentaires se trouvant en Europe. Ce dernier point s'élevait pour la France seule à 400 millions de dollars.

Des avances de trésoreries provenant du Trésor des États-Unis à des gouvernements étrangers, pré-armistice, s'élevaient un peu au-dessus de 7 milliards de dollars. Des avances de trésorerie provenant du Trésor des États-Unis et faites après l'armistice à des gouvernements étrangers, s'élevaient un peu au-dessus de 2 ⅓ milliards.

Et tout cela représentait de l'argent collecté par le gouvernement américain à la fois au moyen de la vente des Liberty Bonds et par la fiscalité, puis accordé à nouveau en prêt à des gouvernements étrangers. La plus grande part de cet argent provenait de loin du produit des Liberty Bonds, ainsi ces *obligations de liberté* sont encore une charge se trouvant dans les mains du peuple américain. Le Congrès n'a jamais songé à les faire rembourser par des impôts américains. On a considéré comme acquis le fait que les gouvernements étrangers paieraient les traites les obligations qu'ils avaient délivrées aux Trésor des États-Unis dès qu'ils auraient l'argent ; et à mesure qu'ils rembourseraient leurs obligations, le Trésor des États-Unis rembourserait automatiquement les Liberty Bonds parallèlement.

« La dette contractée par les États-Unis afin d'accorder les prêts à l'étranger n'est pas prise en charge par le fonds d'amortissement. Le Congrès a estimé que les remboursements étrangers permettraient de racheter cette partie de notre dette. » — Rapport du Secrétaire du Trésor, 1920, page 64.

II.

*« C'est en riant gaiement qu'un prêt doit s'en re-
tourner chez lui »*

Vieux proverbe

Quant à la nature de ces prêts du Trésor Public américain à
des gouvernements étrangers, une controverse qui est née en
Europe immédiatement après la guerre, s'est poursuivie depuis
lors, avec toujours plus de mauvaise volonté, de confusion des
faits et de sentimentalité amère. Était-ce la nature des transactions officielles entre les nations, sous réserve des termes et des
conséquences des usages financiers, ou possédaient-ils une caractéristique intrinsèque, propre à rendre révoltante l'idée même
d'un paiement d'intérêt, celle de comptabilité, d'arbitrage et de
remboursement ? Comment les prêts avaient-ils donc été compris ? Pas comment ils sont compris à ce stade — depuis qu'ils
en sont venus à être investis du sentiment permanent de litige et
de propagande — mais au début ?

La réponse, si elle existe, serait à chercher :

(a) dans le décret lui-même,

(b) dans le contrat,

(c) dans l'attitude des emprunteurs à l'époque, s'il existe la
moindre trace de cela, et

(d) dans l'utilisation que des emprunteurs on faite de l'argent ;
c'est-à-dire, dans les faits tendant à démontrer que leur usage
était celui d'emprunteurs qui entendent rembourser avec intérêt
et disposent donc des droits complets et illimités sur cet argent,
ou qu'il s'agissait d'un usage d'un autre genre.

La loi est explicite.

L'article 2 du *Décret du Premier Emprunt Liberté* se lit comme
suit :

« C'est dans le but de pourvoir plus efficacement à la sécurité
et à la défense nationales et à la poursuite de la guerre que le Se-

crétaire du Trésor[8] avec l'approbation du Président, en agréant des crédits des États-Unis pour des gouvernements étrangers, est autorisé au nom des États-Unis, à l'achat d'obligations à leur valeur nominale, telles qu'émises ci-après par ces gouvernements étrangers alors engagés dans une guerre avec les ennemis des États-Unis, au même taux d'intérêt et pour l'essentiel, aux mêmes termes et conditions que les obligations des États-Unis émises sous l'autorité de la présente loi. »

En soumettant ce projet de loi au Congrès, la Commission parlementaire des Ways and Means a approuvé à l'unanimité la déclaration suivante :

« Ceci autorise l'achat avec le produit de la vente de ces obligations (Liberté), des obligations de gouvernements étrangers portant le même taux d'intérêt et contenant essentiellement les mêmes termes et conditions que les obligations (Liberté) émises en vertu de cette loi. Il est prévu que si l'une des obligations (Liberté) des États-Unis, délivrée et utilisée pour l'achat de ces obligations étrangères, était convertie en obligations des États-Unis portant un taux d'intérêt plus élevé…, les obligations des gouvernements étrangers détenues par les États-Unis soient dans ces circonstances converties en obligations portant le même taux d'intérêt que les obligations des États-Unis. On doit par conséquent constater que les 3 milliards de dollars de crédit destinés à des gouvernements étrangers sont autonomes et ne doivent pas constituer à l'avenir une dette à prendre en charge par la taxation ».

Au cours du débat, plusieurs objections ont été soulevées. La première était que nous proposions d'acheter les obligations de gouvernements étrangers à leur valeur nominale, tandis que leurs obligations se vendaient déjà au rabais. Le président de la Commission a répondu : « Si leurs obligations ont baissé de 80 ou 75 ou 50 pour cent, cela prouve que la nécessité existe d'autant plus pour nous de prêter cet argent à des taux d'intérêt les plus bas possibles, car ils contribuent à lutter pour notre cause. »

Une autre objection était que la loi n'avait pas restreint l'utilisation possible de l'argent vis-à-vis des emprunteurs ; par

---

[8] Ndlr : Ministre des Finances

exemple, elle ne les a pas obligé à dépenser l'argent dans notre pays. Rien ne s'y trouvait pour les empêcher d'utiliser l'argent du Trésor Américain pour rembourser d'autres prêts à Wall Street. Le président de la Commission parlementaire répondit : « Pourquoi ne pas leur accorder la responsabilité de décider l'allocation des ressources qui mènera au plus grand succès d'après leur propre jugement ? » La plus grande part de l'argent sera nécessairement dépensée dans ce pays, dit-il. Mais quant à rembourser grâce à cela d'autres emprunts venant à échéance à Wall Street, il pouvait à peine se l'imaginer et encore : « Pourquoi limiter ou définir l'utilisation de l'argent ? »

Il y avait de nombreux passages faisant appel à l'émotion. Ce serait prévisible. Ceux qui se sont montrés trop angoissés quant à la garantie des prêts ont été réprimandés par d'autres qui ont affirmé que ce n'était pas le moment de penser à une garantie. Certains n'arrêtaient pas de dire que les emprunteurs menaient nos propres combats. Cela a conduit un gentleman de Pennsylvanie à dire : « Je n'aime pas l'idée que la raison pour laquelle nous proposons de leur prêter le produit de nos obligations est de les récompenser pour le fait qu'ils *mènent nos batailles*. Mon point de vue est que ces gouvernements étrangers mènent leur propre bataille et que nous les aidons. Lorsque nous prêtons de l'argent à ces pays étrangers, c'est nous qui leur rendons service et non eux qui nous viennent en aide. » Un gentleman de Virginie a exprimé qu'il devrait était possible d'écrire dans la loi une « grâce et l'abandon des exigences sur toutes les obligations françaises acquises par le gouvernement américain » et cet avis a été applaudi.

Au Sénat le débat était du même genre.

Le fait est que le Congrès n'a soutenu aucune proposition visant à traiter les prêts comme des dons ou des subventions, ni en aucune autre manière différemment que comme des crédits strictement remboursables avec intérêts et que le projet cité est devenu loi grâce au vote à l'unanimité de la Chambre et du Sénat.

Tous les contrats ont été formalisés. Il y avait, cependant, un certain écart par rapport à la loi. Ils prévoyaient que nous devions acheter des obligations de gouvernements étrangers, étant donné que celles-ci devaient correspondre aux termes et intérêts des

Liberty Bonds vendus par le gouvernement américain pour réunir l'argent ; mais il n'y avait jamais assez de temps pour préparer les obligations et le Trésor américain a donc accepté des billets à ordre des gouvernements étrangers, au lieu des obligations. Les billets était libellé comme suit :

« Le gouvernement de [nom du pays étranger], promet de payer à leur demande aux États-Unis d'Amérique, ou ayants-droit, pour valeur reçue la somme de [quantité de dollars en mots], avec intérêt depuis la date des présentes, au taux de [blanc] pour cent par an... Ce certificat sera converti par le gouvernement de [nom du pays étranger] à la demande du Secrétaire au Trésor des États-Unis d'Amérique, à sa valeur nominale, avec un ajustement des intérêts courus précédemment, en une quantité égale de [taux] pour cent, en obligations du gouvernement de [nom du pays étranger] convertibles en or, conformément aux dispositions des actes du Congrès des États-Unis.

(Signé

Pour le gouvernement [nom du pays étranger], son représentant. »

Fait le ...... jour de .... »

Lorsque les avances de fonds directs ont cessé, en Novembre 1920, le Trésor américain détenait ces billets pour une valeur nominale de près de dix milliards de dollars. Ils étaient signés séparément par onze gouvernements étrangers. Les principaux étaient :

La Grande-Bretagne pour ...... 4.277.000.000 dollars
La France pour .... 2.997.477.000 dollars
L'Italie pour .... 1.631.338.987 dollars
La Belgique pour .... 349.214.468 dollars
La Russie pour .... 187.729.750 dollars

Quant à l'attitude des emprunteurs, il faut dire pour commencer que jamais au cours de la guerre il n'y eut la moindre suggestion de leur part selon laquelle les termes auraient été durs ou peu généreux, ou que les prêts n'étaient pas des prêts dans un sens strictement financier, remboursable en totalité avec intérêt. La France a explicitement rejeté l'idée d'un traitement de faveur ou l'idée qu'elle pourrait recevoir quoi que ce soit comme cadeau ou subvention.

Le 11 Avril 1917, alors que le premier Décret d'Emprunt de la Liberté était en suspens au Congrès et alors que ce monsieur de Virginie exprimait le souhait qu'il soit possible d'écrire dans la loi une certaine « grâce et l'abandon des exigences de remboursement » dans le cas de la France, l'ambassadeur américain en France a câblé de Paris au secrétaire d'État[9] à Washington la remarque suivante :

« Le premier ministre a personnellement exprimé l'espoir qu'aucune résolution ne serait présentée ou débattue au Congrès, tendant à décréter un don des États-Unis au gouvernement de la France, quelque positive que soit l'appréciation par le peuple français des bons sentiments l'ayant inspiré. »

À ce propos, on trouve encore plus dans les documents. Le *Matin de Paris* a publié des extraits d'un échange de télégrammes entre le premier ministre français et l'ambassadeur français aux États-Unis comme suit :

« DIPLOMATIE PARIS, le 12 April 1917.

« Je viens d'avoir un entretien avec le Secrétaire au Trésor concernant nos besoins financiers. Le montant de 133 millions de dollars par mois n'a pas généré d'observation de sa part ; le montant de 218 millions qui serait atteint par l'ajout de nos dépenses en dehors des États-Unis, lui a paru élevé, mais il n'est pas impossible que nous puissions l'obtenir... Quant à la durée de remboursement, j'ai évoqué (à supposer que cela soit souhaitable) 15 ans. M. McAdoo a dit qu'il n'avait aucune objection à ce sujet.

(Signé) JUSSERAND.
Le 12 Avril, 1917. »

« Je ferai de mon mieux en matière de remboursement sur 25 ans... Je pensais avoir de bonnes raisons de croire que 15 années seraient considérées comme admissibles.

(Signé) JUSSERAND.

---

[9] Ndlr : Soit l'équivalent d'un premier ministre Européen

Paris, le 19 Avril, 1917. »

« L'ambassadeur français à Washington.

Le ministre des Finances insiste sur le fait que la durée de l'amortissement soit de 30 ans, une durée normale et minimale pour de telles opérations.

(Signé) RIBOT. »

Dans les arbitrages qui ont fait l'objet de tellement de contestations, la France a en effet bénéficié d'un traitement de faveur. Le montant à rembourser fut pratiquement réduit à ses prêts post-armistice et le remboursement a été établi, non pas sur une durée de trente ans que les Français eux-mêmes avaient suggérée comme étant le minimum normal dans ces opérations, mais au lieu de cela sur soixante-deux ans.

Immédiatement après l'intervention des États-Unis comme belligérant, aux côtés des Alliés, l'Angleterre et la France ont envoyé des missions dans notre pays pour discuter de coopération. Le chef de la mission britannique fut Arthur J. Balfour, en tant que Ministre des Affaires Etrangères et ancien Premier Ministre de Grande-Bretagne. Son rôle était d'ordre diplomatique. Il était accompagné de Lord Cunliffe, gouverneur de la Banque d'Angleterre ; ses attributions étaient les finances. Le chef de la mission française était M. Viviani, Ministre de la Justice ; son assistant et conseiller financier était M. Simon, Inspecteur des Finances. La principale activité de ces missions fut consacrée à la finance.

Dans le cadre de la campagne pour vendre les Liberty Bonds du Trésor américain, en 1917, on publia une longue déclaration très appréciée, expliquant pourquoi nous étions prêteurs de la recette des Liberty Bonds à un gouvernement étranger et expliquant la signification de ces prêts. L'argent n'était pas une contribution aux Alliés, nos associés ; il leur était accordé en prêt et serait remboursé en totalité en fin de compte. Cette position était extrêmement positive ; le point de vue selon lequel les Alliés étaient parfaitement solvables fut tout aussi positif ; le seul problème était qu'ils avaient besoin d'argent comptant. Et s'il devait sembler que c'était en effet par ces prêts que nous leur permettions de défendre leur propre commerce, c'était tant mieux.

C'était faire de la politique économique saine de notre part que de les aider à défendre leur vie industrielle et leur bien-être commercial. Voilà qui les rendait plus forts comme belligérants et comme créanciers.

Les missions étrangères ont collaboré de tout cœur a l'exposé de ces points de vue et de cette présentation. Elles étaient sans doute sincères ; tout le monde l'était. C'est ce que disent les documents.

« Les gouvernements étrangers ont été tenus par le Trésor Public Américain d'exposer les fins auxquels les fonds étaient destinés afin de permettre au Trésor Public de déterminer si elles étaient en adéquation avec les fins indiquées dans les lois de l'emprunt Liberty et de savoir si les crédits pouvaient être accordés effectivement et dans quelle mesure. Le Trésor n'a évidemment pas réalisé des achats pour les gouvernements étrangers. Il leur a payé le prix d'achat des titres ; et ceux-là ont effectué les achats. » — Rapport du Secrétaire du Trésor, 1920, p. 69.

Mais du point de vue du Trésor Public américain de l'époque, presque tout ce qui tendait à élever le moral et le bien-être des Alliés, même le bien-être de leur industrie et du commerce, était considéré comme convenable. Et ceci conduit à la question de savoir comment l'argent a effectivement été dépensé, soit de savoir si les emprunteurs ont à cet égard disposé de droits à part entière et s'ils avaient l'intention de rembourser avec intérêts, ou s'il en était autrement.

On trouve à la page 340 du rapport annuel du Secrétaire du Trésor, 1920, pièce 27, le résumé suivant de ce qui fut fait avec cet argent :

Dépenses en dollars pour :
Munitions pour usage propre 493.610.325
Munitions pour d'autres gouvernements 205.495.810
Transactions et achats de coton 2.644.783.870
Céréales 1.422.476.706
Autres produits alimentaires 1.629.726.803
Tabac 145.100.821
Autres fournitures 613.107,429
Transport 136.083.775
Expédition 173.397.084

Remboursements 1.872.914.604
Intérêts d'emprunts 730.504.177
Dettes à maturité 648.246.317
Assistance 538.188.330
Argent 267.943.389
Nourriture pour la Russie du nord 7.029.966
Achat de pays neutres 18.718.579
Crédit spécial pour l'Italie en contrepartie des dépenses américaines en Italie 25.000.000
Divers 168.530.576

Total déclaré des dépenses   13.740.858.551

Déduction pour :
Les remboursements de ses crédits par les Etats-Unis à d'autres gouvernements 1.872.914.604

Les paiements en dollars par le gouvernement des États-Unis contre monnaies étrangères 1.490.557.908

Produit de crédits en roupies et or provenant des Indes 81.352.908

Total   3.444.824.623

Dépenses nettes
déclarées par les gouvernements étrangers en dollars :

10.296.033.927

Ils utilisèrent en effet les dollars du Trésor Américain pour rembourser leurs prêts à Wall Street — prêts contractés auprès de banques privées avant que ce pays ne soit entré en guerre. C'est l'explication du poste « Echéances : 648.246.317 » dans le résumé ci-dessus.

Le poste « intérêts : 730.504.177 » représente, entre autres, le paiement des intérêts sur leurs billets à ordre au Trésor américain avec le produit de nouveaux billets. C'est-à-dire qu'ils ont emprunté de l'argent pour payer l'intérêt sur ce qu'ils avaient emprunté auparavant et continuèrent scrupuleusement de payer des intérêts de cette façon tant que les prêts continuèrent ; lorsque le Trésor a cessé ses prêts, ils ont cessé de payer les intérêts. Le fait de payer des intérêts sur l'argent emprunté en employant l'argent lui-même est une pratique courante de la finance dans certaines circonstances temporaires ; le seul motif de le relever réside encore une fois dans la caractérisation de l'attitude des emprunteurs à l'époque. Les transactions étaient d'ordre financier au sens strict, comme il avait été entendu.

Le poste « remboursements : 1.872.914.604 » représente les sommes empruntées au Trésor américain par un gouvernement étranger pour rembourser un autre gouvernement étranger. L'argent (métal argentique) était pour l'Inde. Les autres articles s'expliquent généralement d'eux-mêmes avec une exception pour le poste le plus important de tous, à savoir « Transactions et achats de coton : 2.644.783.870 dollars »

En commentant ce poste, le Secrétaire au Trésor a déclaré selon le rapport annuel 1920, page 71 : « Au début de la guerre tous les achats de produits par la Grande-Bretagne ont été fusionnées ainsi en des transactions, à l'exception des achats de munitions et de sucre. Par conséquent, le poste des transactions, dans la déclaration britannique de dépenses, reflète les achats de blé, les aliments, le coton, le cuir et l'huile sous le contrôle du gouvernement [britannique], ainsi que toutes les opérations d'acheteurs individuels aux États-Unis ».

Toute déclaration du Trésor Public relative à ce poste des transactions commerciales, voire la déclaration de tout banquier à ce sujet, sera nécessairement en termes techniques. Ceci n'est pas dû au fait que les personnes agissant dans la finance aiment être techniques, mais seulement au fait qu'elles se comprennent mieux dans une langue qui leur est propre. Pourtant ce que cela signifie est, après tout, assez simple ; d'ailleurs c'est à cela que Lord Balfour songeait quand il a dit à l'ambassadeur Page que l'impératif était d'avoir suffisamment de crédits américains pour soutenir les transactions commerciales — c'est-à-dire le pouvoir d'achat de la livre sterling. Souvenez-vous que la Grande-Bretagne avait été le banquier des Alliés depuis le début de la guerre. Sa valeur dans cette fonction résidait, à leurs yeux, au-delà du fait qu'elle possédait d'énormes ressources financières, dans le fait que la livre sterling était la première monnaie du monde et que les banquiers britanniques doués d'une longue expérience, étaient les praticiens les plus habiles dans l'art des transactions de change.

Eh bien voilà ce qu'ils ont fait ici en particulier dans les « premières étapes de la guerre » évoquées par le Secrétaire au Trésor, c'est-à-dire au début du ralliement américain : au lieu de dépenser d'une manière directe pour l'achat de produits américains l'argent qu'ils empruntaient au Trésor américain, ils ont employé ces dollars pour acheter de la livre sterling (ou comme diraient les banquiers, en échange sterling, ce qui revient au même), sur le marché des changes à New York. D'une main, ils utilisaient les dollars du Trésor Public américain pour créer du crédit britannique, afin de pouvoir, de l'autre main, acheter des produits américains avec eux. Mais pourquoi ? Pourquoi de-vaient-ils utiliser des dollars américains pour acheter des devises sterling et créer ainsi le crédit britannique à dépenser, au lieu de dépenser directement des dollars américains pour les produits américains ? C'était pour pouvoir continuer à contrôler, de cette façon, les échanges internationaux du monde chiffrés en livres sterling et faire respecter le pouvoir du crédit britannique. Les avantages étaient très importants. Jusqu'à la fin de la guerre, la valeur de change de la livre sterling, c'est à dire son pouvoir d'achat, se situait dans notre pays et dans tous les autres pays, au moins à raison d'un quart au-dessus de sa juste valeur ; ayant à disposition une quantité illimitée de dollars du Trésor américains pour la soutenir, ils ont réussi à « calquer » son cours ou le stabili-ser à une valeur artificielle. Ainsi, partout dans le monde où les Britanniques avaient à dépenser des livres sterling, ils en ont ob-tenu tout cela de plus pour leur argent. Et quand le gouverne-ment américain devait acheter des livres à Londres pour ré-pondre à ses propres dépenses de guerre en Grande-Bretagne, ou payer les Britanniques pour le transport de troupes américaines en France à bord de navires britanniques, il a dû les payer avec un supplément de cette dimension exactement ; il a donc obtenu exactement cette valeur en moins pour son argent. Enfin, en fu-sionnant ainsi leurs opérations sous le titre de transactions, de sorte qu'ils ne devaient faire rapport au Trésor des États-Unis que de tel ou tel montant global de dollars ayant été dépensé pour ces « transactions », ils ont gagné de toute évidence une très grande liberté d'action.

« Il apparaîtra évident qu'il est impossible d'analyser complètement l'ensemble des achats relevant des transactions » — Extrait du rapport du Secrétaire au Trésor en 1920, page 72, sous le titre « Dépenses déclarées par les gouvernements étrangers. »

Tout ce que le Trésor savait comme le Secrétaire l'a dit auparavant, était que « la question de l'échange dans les dépenses britanniques reflétait les achats de blé, de coton, de cuir et d'huile sous le contrôle du gouvernement [britannique], ainsi que toutes les opérations d'acheteurs individuels. » Ce qui signifie que le crédit des Britanniques créé sur le marché des changes de New York avec des dollars provenant du Trésor Public américain a été utilisé non seulement pour acheter des produits américains pour le gouvernement britannique ; il a également été utilisé dans une proportion inconnue, pour acheter des produits américains destinés à des particuliers britanniques ; en d'autres termes, pour compte privé distinct du secteur public — une distinction nuancée par le point de vue que dans une guerre telle que celle-là, toutes les activités, qu'elles fussent directes et indirectes, étaient indispensables, même celles relevant du commerce privé. Tel était en effet, le point de vue du Trésor des États-Unis, mentionné dans son fameux bulletin sur les raisons pour lesquelles nous avons été prêteurs de la levée de fonds des Liberty Bonds à des gouvernements étrangers. Suivant cette opinion, il ne s'agissait pas tant de savoir ce qu'ils feraient avec l'argent que de savoir ce que nous pouvions nous permettre de prêter. « Des millions de dollars [de l'argent issu de l'emprunt Liberty] ont été prêtés à la Grande-Bretagne après la fin des hostilités, pour lui permettre de développer son commerce d'exportation. Il n'existe aucune discussion à cet égard ni en ce qui concerne le fait que des prêts considérables ont été accordés dans des pays plus nouveaux, pour les aider à se remettre sur leurs pieds. » — Extrait de « Les dettes interalliées » Harvey E. Fisk, publié par la Bankers Trust Company de New York.

C'était parfaitement admis à l'époque. Quelle que soit l'utilisation de leurs dollars par les gouvernements étrangers qui empruntaient au Trésor américain, tout allait bien et aucune question n'a jamais été posée à ce sujet, tant que ceux-ci ont continué à traiter les prêts selon le sens dans lequel ils avaient été compris initialement, ce qui signifie, comme des prêts remboursables en tant que tels. Mais quand, après la guerre, on a commencé à dire que la seule ressemblance que les emprunts possédaient en commun avec des transactions financières était leur forme juridique, et suite au lancement d'une propagande politique structurée, menée par les Britanniques, visant une annulation générale des dettes de guerre, alors les Britanniques se sont montrés extrêmement irrités par toute déclaration établissant qu'ils avaient utilisé les dollars du Trésor américain à d'autres fins que celles servant purement à la guerre.

Le 14 Juillet 1926, M. Mellon, alors secrétaire au Trésor, écrivit une lettre publique à un annulationniste américain lui expliquant, entre autres choses, pourquoi, dans les conditions de l'arbitrage, la Grande-Bretagne avait été traitée avec moins de clémence que la France. Dans cette lettre, il écrit : « Il faut se rappeler que l'Angleterre a emprunté une grande partie de sa dette chez nous pour des raisons purement commerciales par opposition à des raisons de guerre — afin de s'acquitter de ses obligations commerciales à échéance aux États-Unis, afin de fournir de l'argent à l'Inde, afin d'acheter de la nourriture destinée à être revendue à sa population civile et afin de préserver le change »

Cela attira une riposte pimentée du chancelier de l'Échiquier britannique qui, le 19 Juillet 1926, se leva au Parlement pour dire :

« Pendant la période de l'intervention américaine, plus de sept milliards de dollars ont été dépensés par la Grande-Bretagne aux États-Unis. De ces sept milliards, nous en avons emprunté quatre et fourni trois milliards supplémentaires issus de nos propres ressources indépendantes. En ce qui concerne les échéances commerciales, le secrétaire Mellon doit soit avoir été mal informé, soit avoir été induit en erreur... Il y a eu beaucoup de rancœur et d'amertume au sujet de cette dette et il est très important que cette rancœur ne soit pas augmentée par une mauvaise compréhension des faits réel ».

Le lendemain, le 20 Juillet, le Trésor américain a publié la déclaration suivante en réplique :

« Selon l'Angleterre il convient de déduire de la somme des dépenses effectuées en Amérique à compter du 6 Avril 1917 jusqu'au 1ᵉʳ Novembre 1920, les dépenses s'élevant à 1,853 milliards de dollars pour lesquelles la Grande-Bretagne était tout simplement l'agent chargé des achats effectués par les autres alliés et pour lequel la Grande-Bretagne fut rémunérée par d'autres alliés grâce à de l'argent prêté par les États-Unis. Ce montant n'a pas été fourni par les « propres ressources indépendantes » de l'Angleterre. Cela laisse 5,366 milliards de dollar. La somme de 1,682 milliards de dollars comprise dans ce montant représente les transactions et achats de coton. « La plus grande partie de ces dépenses servait à la préservation de la livre sterling sur le marché des changes, ce qui n'était pas indispensable pour les achats effectués en Amérique, mais qui a permis à l'Angleterre de faire des achats dans d'autres pays à un taux de change non dévalué. 2.643.000.000 dollars furent ensuite dépensés pour la nourriture et le tabac. Une partie de ce poste est probablement incluse dans la comptabilité de ce qui a été remboursé par les autres alliés à l'Angleterre et une autre partie a été revendue par l'Angleterre à sa propre population civile. De ce point de vue, cette revente par Angleterre lui a évité la nécessité de contracter des prêts dans son propre pays. Ensuite, 507.877.000 dollars ont été affectés au remboursement de l'intérêt et du principal des obligations commerciales de l'Angleterre arrivant à échéance en Amérique. 261 millions de dollars ont été affectés au métal d'argent. Le total des avances à la Grande-Bretagne sur le remboursement du principal de ses dettes après l'armistice s'élevait à 581 millions de dollars ».

Le chancelier de l'Échiquier britannique disparut ; la prochaine réplique provenait du Trésor britannique, non pas sur les faits, mais concernant l'interprétation des événements ; celui-ci déclara :

« La Grande-Bretagne a fourni les livres sterling et des monnaies neutres pour répondre à tous ses besoins propres tout au long de la guerre et elle a supporté, en outre, la charge que représentait la couverture des besoins en livres sterling de ses alliés continentaux. Si l'on fait abstraction du fait qu'au moment de leur entrée en guerre les États-Unis ne se sentaient pas capables de soulager la Grande-Bretagne de ce fardeau supplémentaire, celle-ci aurait bien été en mesure de couvrir ses propres dépenses en Amérique en se servant des ressources qu'elle avait été contrainte de mettre à la disposition de ses alliés. Ainsi, selon toute probabilité, la dette britannique aux États-Unis n'aurait jamais été contractée »

Tout ce que le Trésor britannique affirme ici consiste donc à dire que, si seulement le Trésor américain avait prêté à la France, à l'Italie, à la Belgique et à d'autres, l'argent dont celles-ci avaient besoin pour effectuer leurs achats en Grande-Bretagne, elles n'auraient plus eu besoin d'emprunter autant auprès de la Grande-Bretagne après notre arrivée dans la guerre. Elles auraient eu des dollars américains à dépenser en Grande-Bretagne, ce qui, bien entendu, auraient rendu la chose beaucoup plus facile pour la Grande-Bretagne.

III.

« *Le dernier râle de la répudiation, c'est la proposition selon laquelle aucun gouvernement, ne peut prendre l'engagement d'imposer la charge de payer les dettes de guerre à notre peuple dans des conditions démocratiques modernes, puisqu'il dépend de son propre peuple pour sa survie et qu'il doit compter sur la réélection par un vote populaire pour se maintenir au pouvoir. Je ne peux faire que le commentaire suivant : si la bonne foi des gouvernements doit être engloutie dans la mauvaise foi des gens, alors le monde va au-devant d'une triste désillusion* ».

L'honorable Bainbridge Colby, ancien secrétaire d'État dans le Cabinet Wilson, dans un discours d'opposition à l'annulationisme, le 13 Avril 1932.

« *La dette contractée par les États-Unis afin d'accorder les prêts à l'étranger n'est pas prise en charge par le fonds d'amortissement. Le Congrès a estimé que les remboursements étrangers permettraient de racheter cette partie de notre dette.* »

Rapport du Secrétaire du Trésor, 1920, page 64.

« *La question d'un ajustement général de toutes les dettes découlant de la guerre ne s'était posée de manière concertée qu'après l'armistice. Elle paraît avoir d'abord été officieusement suggérée par le chancelier de l'Échiquier britannique au secrétaire adjoint du Trésor, Crosby, alors en Europe, mais qui la rejeta, pour s'en désintéresser apparemment à cette époque* ».

Rapport annuel du Secrétaire au Trésor 1920, page 63.

La locution, « pour s'en désintéresser apparemment à cette époque », est un exemple de précision apportée par le département des finances qui dépasse l'arithmétique. Pour les gouvernements débiteurs à l'époque, la situation était extrêmement délicate. Ils étaient politiquement unis contre les États-Unis, leur grand créancier commun ; le moyen idéal de faire payer l'Amérique d'un seul coup, au regard de ses possibilités, était de les intégrer dans un système d'annulation général des dettes de guerre. Puisqu'ils étaient, au sein de celui-ci, les seuls à faire figure d'ultime créancier, ils seraient les seuls perdants ultimes ; il était donc important de progresser vers cet objectif tant que l'humeur américaine était aux extravagances, voire, si possible, d'intégrer le tout dans le traité de paix. D'autre part cependant, ces gouvernements empruntaient encore des dollars auprès du département du Trésor américain dans le cadre des financements post-armistice. Si l'on avançait trop vite, le Trésor américain pouvait soudainement faire preuve de réalisme et fermer le chéquier.

Le 15 Janvier 1919, le haut-commissaire français aux États-Unis adressa une lettre au Secrétaire du Trésor, en disant :

« Les relations financières entre les Alliés, occasionnées par la guerre, sont étroitement liées. Les gouvernements britannique et français ont tous deux emprunté de l'argent aux États-Unis ; mais la France est également une débitrice de l'Angleterre. Les gouvernements français et italien ont tous deux emprunté de l'argent aux États-Unis ; mais l'Italie est également une débitrice de la France. Bien que débitrice des États-Unis et de la Grande-Bretagne, la France a prêté environ 10 milliards de francs à ses alliés. Il semble à mon gouvernement que, si l'ajustement futur de ces comptes mutuels doit faire l'objet d'accords distincts, des situations privilégiées peuvent en découler au préjudice de certains des gouvernements concernés... En bref, le gouvernement français considère que ces questions concernent l'ensemble des alliés et exigent un règlement général et simultané. »

Le Secrétaire au Trésor a répondu :

« Je suis d'accord avec vous que là où deux, voire plusieurs des gouvernements associés ont consenti des prêts au même gouvernement, aucun d'eux ne devrait chercher une priorité injuste ou un avantage sur les autres en termes de paiement... Outre les États-Unis, seule la Grande-Bretagne a fait des prêts à la France ; et je ne m'attends pas à ce que les départements des Finances des pays respectifs aient la moindre difficulté à convenir d'arrangements qui seront équitables et exempts de toute discrimination ».

Quelques jours plus tard, le Trésor américain avait appris que lors d'une réunion du Comité d'Étude Budgétaire désigné par le Conseil des Dix à la conférence de paix à Paris le membre français, M. Klotz avait soutenu la proposition que la consolidation et la répartition des dettes de guerre soit mise à l'ordre du jour à la conférence de paix. Ainsi le secrétaire adjoint au Trésor questionna le Haut-Commissaire adjoint français à Washington dans une lettre du 8 Mars 1919, pour savoir si tel était bien le cas, en disant : « Vous comprendrez que le Trésor Public ne peut envisager la poursuite des avances de fonds à aucun gouvernement Allié qui offrirait son soutien à un plan quelconque de remise en question de l'obligation de remboursement des avances qui lui sont faites par le Trésor américain. »

Le Haut Commissaire adjoint français répondit en affirmant que ceci avait été l'objet d'une proposition italienne à Paris et que c'était par politesse simplement, que le membre français du Comité d'Étude Budgétaire s'était abstenu de la jeter directement par la fenêtre. « En outre », dit-il, « en référence à l'attitude des responsables français concernant le principe évoqué, le gouvernement français n'a jamais fait de déclaration favorisant la proposition italienne ni aucune autre proposition semblable. »

On pourra retrouver la reproduction de cet échange entre le Trésor des États-Unis et le Haut Commissaire adjoint français en 1919, dans le rapport annuel du Secrétaire du Trésor, année 1926, page 66, ainsi que la mention très aride qui suit :

« Il est à noter que la lettre du Secrétaire Adjoint Rathbone datée du 8 Mars 1919, adressée à M. de Billy, Haut Commissaire adjoint français, affirmait que le Trésor ne pouvait envisager la poursuite des avances de fonds à aucun gouvernement allié qui prêterait son soutien à un projet créant une incertitude quant à l'obligation de remboursement des avances qui lui sont faites par le Trésor américain. Dans sa réponse du 18 Mars 1919, M. de Billy a levé cette incertitude quant à l'obligation des remboursements. Les avances de fonds des États-Unis à la France postérieurement au 18 Mars 1919, s'élevaient à 690 millions de dollars et en outre il y avait une dette de la France envers les États-Unis de 407 millions de dollars résultant de l'achat des stocks de guerre, soit un total d'environ 1,1 milliards de dollars »

On n'entendit plus rien d'autre de la part des Français pendant longtemps. À partir de là, les Britanniques reprirent la main.

Bien que détachées de la chronologie, il existe deux contributions remarquables éclairant le point de vue américain à ce stade.

L'une est une lettre de Norman H. Davis, Secrétaire adjoint au Trésor au président Wilson, datée du 23 Février 1920 (rééditée dans le document n°86 du Sénat, le 6 Décembre, 1921) au contenu suivant :

« J'ai soupçonné depuis quelque temps que les prêts consentis par l'Angleterre à la France et l'Italie n'ont pas le même statut que nos propres prêts aux Alliés. Je me souviens que M. Lloyd George[10] affirmait que l'Angleterre ne pouvait pas se permettre de forcer ces pays à la payer. L'article XI du pacte de Londres[11] déclare : « L'Italie bénéficie d'une contribution militaire correspondant à sa force et ses sacrifices. » Je ne sais pas ce que ce passage signifie. Il y a probablement un rapport direct avec les émissions obligataires du gouvernement italien actuellement détenues par le gouvernement britannique et il se pourrait bien que les Britanniques désirent une annulation générale des dettes de guerre inter-gouvernementales comme moyen de se décharger de dispositions secrètes dans ce traité. Si tel est le cas, les Britanniques pourraient donc s'acquitter en grande partie de leurs obligations conventionnelles à nos frais. »

L'autre contribution est celle de l'honorable Oscar F. Crosby, qui en tant que secrétaire adjoint au Trésor, fut intimement mêlé à toutes ces questions à la fois ici et en Europe. C'est lui à qui le Chancelier de l'Échiquier Britannique[12] suggéra une mise en commun des dettes de guerre dès le début. Concernant ses expériences en Europe, M. Crosby a écrit :

« ... Des relations complexes et non linéaires, existent entre les pays européens. Les considérations financières, des transferts de territoires, des privilèges commerciaux, tout cela est constamment en mouvement. Entre alliés, la négociation ne quitte pas l'ordre du jour. Elle commence souvent bien avant les hostilités, se poursuit pendant la guerre ; elle est la plus active à la confé-

---

[10] Ndlr : David Lloyd George fut Premier Ministre anglais durant la guerre
[11] Ndlr : Le pacte de Londres, du 26 avril 1915, est un traité secret signé par le gouvernement italien avec les représentants de la Triple-Entente, par lequel l'Italie s'oblige à entrer en guerre contre les Empires centraux de la Première Guerre mondiale en échange de substantielles compensations territoriales. Cet acte fut décidé par le gouvernement, le roi et la hiérarchie militaire, sans la consultation du Parlement.
[12] Ndlr : « Très Honorable Chancelier de l'Échiquier » est le titre que l'on donne au ministre des finances du gouvernement britannique.

rence de la paix et peut être prolongée tout au long des années d'ajustement suivant la guerre... Le problème financier existant entre la France et la Grande-Bretagne est uniquement un des nombreux problèmes qui se posent entre ces pays et il faut absolument s'attendre à ce que la France utilise tout ce qui sera en son pouvoir, politique ou matériel et qui s'offrira à elle dans un processus de négociation tout à fait légitime... cependant que la navette de tissage va et vient entre ces différents fils. Il est fort possible que la Grande-Bretagne se décide sans attendre la réalisation de tout le projet, à faire un geste de générosité en proposant de réduire ses prétentions à l'égard de la France pourvu que nous acceptions de nous engager sur un geste pari passu avec elle... Et si nous refusons ce genre de proposition, pour les Britanniques et les Français dans la rue, nous jouons encore une fois le rôle de la personne austère, etc... »

D'ailleurs ceci s'est avéré être une anticipation étonnamment exacte de la célèbre note Balfour, sur laquelle la politique de la dette britannique a depuis lors été fondée.

L'annulation de dette de guerre devint un sujet tabou à la table de conférence de la paix. Néanmoins, les représentants du Trésor britannique développèrent ce même thème partout en marge. Après la conférence de la paix, l'un des négociateurs, M. Blackett, écrivit au Secrétaire Adjoint du Trésor Américain le 4 Février 1920, en disant : « ... Et comme vous le savez, le Chancelier de l'Échiquier s'est déclaré prêt à prendre des dispositions en ce qui concerne les gouvernements qui sont débiteurs du gouvernement britannique, afin de supprimer le fardeau de leurs dettes, exactement semblables aux dispositions susceptibles d'être proposées par le Trésor des États-Unis pour ce qui concerne les obligations de gouvernements qu'elle détient elle-même ».

Puis, le 9 Février 1920, l'ambassade britannique à Washington remettait un message direct du Chancelier de l'Échiquier Britannique au Trésor américain, dans lequel il affirmait catégoriquement : « Nous devrions encourager l'annulation générale des dettes de guerre intergouvernementales. »

Le Secrétaire au Trésor, a opposé à cela le 1er Mars 1920, la réponse suivante :

« Bien sûr, je reconnais que l'annulation générale de ces dettes serait avantageuse pour la Grande-Bretagne et que ceci ne causerait probablement pas de pertes de son côté. Il n'existe pas de dette souveraine des États-Unis qui pourrait être annulée en vertu d'un tel projet. L'effet produit serait donc qu'en contrepartie de l'annulation des dettes souveraines détenues par le gouvernement des États-Unis en vertu des avances faites au gouvernement britannique et à d'autres gouvernements alliés, le gouvernement britannique annulerait les créances qu'il a sur la France, l'Italie, la Russie et ses autres alliés. Une telle proposition ne comporte pas de sacrifices mutuels de la part des pays concernés. Il s'agit simplement d'une contribution à porter principalement par les États-Unis… Une annulation générale comme suggéré… rejetterait sur la population de notre pays la charge exclusive de payer l'intérêt et finalement de rembourser le principal de nos prêts aux gouvernements alliés. Notre nation n'a demandé ou obtenu aucun avantage substantiel de la guerre. Cependant, selon les termes du traité de paix et par d'autres circonstances, bien qu'ayant énormément souffert de la perte en hommes et en biens, les Alliés ont obtenu des accroissements très considérables de territoires, de populations, des avantages économiques et autres. Il semble donc que si l'on tenait pleinement compte de ces éléments et de la situation dans son ensemble, il ne serait ni souhaitable ni justifié d'enjoindre le gouvernement de notre pays à faire de nouvelles contributions. »

Ainsi, la démarche du Trésor Britannique mena à une impasse avec le Trésor Américain. D'autres tractations étaient vaines. L'étape suivante était beaucoup plus ambitieuse. Le 5 Août 1920, le Premier ministre de Grande-Bretagne, M. Lloyd George, écrivit au président Wilson en ces termes au sujet des dettes :

« J'en viens maintenant à l'autre question au sujet de laquelle je veux vous écrire, à savoir le problème épineux de la dette interalliée… Les gouvernements britannique et français ont abordé, au cours des quatre derniers mois, les moyens d'établir l'immuabilité et la précision des obligations d'indemnisation de l'Allemagne. Le gouvernement britannique a soutenu l'opinion constante selon laquelle il était essentiel que les obligations de l'Allemagne soient fixées à un montant qui correspondait à une capacité de payer raisonnable pour l'Allemagne… Après de grandes difficultés avec son propre peuple, M. Millerand se trouva en mesure d'accepter ce point de vue, mais il a souligné qu'il était impossible pour la France d'accepter rien d'autre, que ce à quoi il avait droit en vertu du traité, à moins que ses dettes envers ses alliés et associés dans la guerre soient traitées de la même façon. Cette déclaration semblait parfaitement juste au gouvernement britannique. Pourtant, après mûre réflexion, on en vint à la conclusion qu'il était impossible d'annuler spécifiquement ce qui était dû par la France, sauf en tant que partie intégrante du règlement de la dette interalliée tous azimuts… En conséquence, le gouvernement britannique a informé le gouvernement français qu'il sera d'accord pour un arrangement équitable visant la réduction ou l'annulation de la dette interalliée, mais qu'une telle disposition devait être telle qu'elle s'applique à tous de manière générale… Je serais très reconnaissant pour tous les conseils que vous pourriez être en mesure de me donner quant à la meilleure méthode de garantie permettant l'examen et le règlement de l'ensemble du problème par le gouvernement des États-Unis, de concert avec ses associés ».

Ceci représente peut-être le document le plus important de tout le dossier. La déclaration du Premier ministre britannique selon laquelle la France acceptera que le paiement des indemnités se limite à la capacité raisonnable pour l'Allemagne de payer, mais seulement à condition que les créanciers de la France la libèrent de ses propres dettes à leur égard ; en outre ceci semble tout à fait équitable au Gouvernement Britannique, à condition que le gouvernement américain libère chacun d'entre eux de leurs dettes envers le Trésor des États-Unis.

Le Président Wilson a répondu au Premier ministre de Grande-Bretagne comme suit, le 3 Novembre, 1920 :

« Il est hautement improbable que le Congrès ou l'opinion populaire dans notre pays consentent jamais une remise en tout ou en partie de la dette du Gouvernement Britannique envers les États-Unis afin d'inciter le Gouvernement Britannique à l'annulation, complète ou partielle, de la dette de la Grande-Bretagne, de la France ou de tout autre gouvernement allié et il est aussi improbable qu'ils consentent jamais à une annulation ou une réduction des dettes de l'un des gouvernements alliés afin d'inciter à un arbitrage pratique des exigences en indemnités de guerre... Le gouvernement des États-Unis... ne parvient pas à percevoir la logique d'une suggestion ayant pour effet, soit d'obliger les États-Unis à supporter une partie de l'obligation d'indemnisation de l'Allemagne, soit de les obliger à accorder une gratification aux gouvernements alliés pour les inciter à fixer le montant d'une telle obligation en accord avec la capacité de paiement de l'Allemagne. »

La lettre du Président Wilson a été suivie de quelque deux années de silence officiel. Mais en réponse aux arguments politiques et économiques qui avaient faillis, une propagande émotionnelle sans précédent dans son ampleur, son intensité et ses embranchements, s'infiltra dans la presse de l'Europe, dans la presse des États-Unis, dans les livres subventionnés, dans les discours publics et parlementaires, sur les plateformes de conférence américaines ouvertes aux visiteurs européens — contribuant partout à l'effet, sinon à l'intention, délibérément organisée, de susciter une vague de sentiments hostiles à notre pays. Il s'agissait de la nation-même du Shylock[13], exigeant les vies que l'Europe avait versées dans une cause commune en échange de la valeur de ses dollars. Cependant les billets à ordre de l'Europe se couvraient de poussière dans les coffres du Trésor des États-Unis durant tout ce temps. Les gouvernements débiteurs les dédaignaient. Ils n'avaient pas été convertis en obligations à long terme, comme stipulé dans le contrat ; pas un dollar d'intérêt n'avait été payé.

Soudain, en Juillet 1922, le sentiment anti-américain préparé de la sorte en Europe, fut concentré et exprimé tout entier dans la fameuse note Balfour, laquelle est, tant pour le style littéraire que pour la subtilité linguistique, l'un des plus beaux exemples de démagogie sous facture gouvernementale jamais étudié dans les documents politiques de langue anglaise.

Lord Balfour agissait alors comme Secrétaire d'État aux Affaires étrangères. Il adressa sa note à la France, puis séparément à chacun des débiteurs de la Grande-Bretagne. La politique préconisée par le gouvernement de Grande-Bretagne était, disait-il,

---

[13] Ndlr : Archétype du caractère cupide dans le théâtre Shakespearien

« de renoncer à sa part des indemnités allemandes et, d'un grand geste, de radier d'un seul coup l'ensemble de la dette interalliée. » Maintenant, avec « la plus grande réticence », avec « dégoût », la Grande-Bretagne était obligé d'adopter une autre politique et la raison en était le fait que le Gouvernement Américain demandait le paiement de la dette de Grande-Bretagne au Trésor des États-Unis. Ainsi, la Grande-Bretagne était « malheureusement contrainte » de demander à ses débiteurs de payer. Cependant, le montant qu'elle leur demandait de payer ne dépendait pas de ce que ceux-ci devaient à la Grande-Bretagne. Il dépendait uniquement de ce que la Grande-Bretagne aurait à payer à l'Amérique.

« En aucun cas », déclara Lord Balfour, « nous ne nous proposons de demander plus de la part de nos débiteurs que les sommes qui nous sont nécessaires pour payer nos créanciers, mais alors que nous ne demandons pas plus, chacun devra admettre que nous ne pouvons guère nous contenter de moins, car il ne faut pas oublier, même si c'est parfois le cas, que nos obligations ont été engagées pour autrui, pas pour nous-mêmes. »

Puis il expliqua pourquoi il avait été nécessaire que la Grande-Bretagne contracte sa dette auprès du Trésor des États-Unis pour autrui, pas pour elle-même. La raison en était que « les États-Unis déclaraient sinon dans la forme du moins en substance, que c'était uniquement sur la base de notre propre caution, qu'ils étaient disposés à faire crédit, bien que ce soient nos alliés qui dépenseraient cet argent ».

Dans les hautes sphères, on suggérait ainsi à l'Europe qu'il n'y aurait pas eu d'indemnité à payer en Allemagne, pas de dettes de guerre à payer d'un gouvernement à un autre, s'il n'y avait eu l'exigence du gouvernement américain de faire rembourser les dollars de la guerre ; et on suggérait en même temps que la totalité de la dette britannique due au Trésor américain, résultait de ce que, pendant la guerre, le gouvernement américain n'avait pas été disposé à prêter ses dollars aux Alliés autrement que sur la base de la garantie Britannique.

La réaction américaine à la note Balfour traduit un étonnement profond. L'ambassadeur américain en Grande-Bretagne affirma dans un discours au Repas du Pèlerin[14], qu'il ne pouvait pas douter que le gouvernement britannique lui-même supprimerait les ambigüités créées par Lord Balfour. Le gouvernement britannique demeura silencieux. Mais Lord Balfour répondit à l'ambassadeur américain à l'occasion d'une déclaration publique, dans laquelle il disait :

« L'ambassadeur américain, si je comprends bien, considère les arrangements financiers entre les partenaires durant la grande guerre comme autant d'entreprises isolées devant être considérées séparément et menées à bien une par une... Je suis moi-même enclin à retenir une vision un peu moins commerciale... Je n'ai pas l'intention de critiquer ceux qui pensent autrement que moi, mais je ferai une dernière observation à ce sujet. Si, comme je le suppose, le premier de ces points de vue divergents devait s'imposer à l'opinion publique des États-Unis, les droits inconditionnels et incontestés de ce pays n'auraient pas pu être appliqués d'une manière moins susceptible de nuire à des relations amicales, dont je suis heureux de pouvoir dire qu'elles prévalent entre les deux peuples. »

Quant à la déclaration de lord Balfour, que la dette de la Grande-Bretagne vis-à-vis du Trésor américain avait été engagée pour le compte d'autrui et non pour elle-même — ceci n'étant qu'une subtilité en réponse à la thèse originale de la Trésorerie britannique, à savoir que si le Trésor américain avait prêté à la France, à l'Italie, à la Belgique et à d'autres pays tous les dollars nécessaires correspondant à leurs dépenses en Grande-Bretagne, il n'aurait pas été nécessaire à ceux-ci d'emprunter au surplus auprès de la Grande-Bretagne ; ils auraient pu, au lieu de cela, faire leurs achats en Grande-Bretagne avec des dollars américains et la Grande-Bretagne aurait eu plus d'argent à dépenser aux États-Unis.

Dans une déclaration à l'*Associated Press*, l'honorable Oscar T. Crosby, secrétaire adjoint au Trésor pendant la guerre, a déclaré le 9 Mars 1923 : « Lord Balfour dit que « nous avons expliqué au gouvernement américain que nous devrions être en mesure de

---

[14] Repas du *Thanksgiving Day* (jour de fête nationale américain symbolique de l'Action de grâce), le dernier jeudi de novembre.

trouver tous les fonds nécessaires à l'achat de nos propres maté-
riels de guerre sans emprunter auprès des États-Unis ou de qui
que ce soit. » Une telle déclaration n'a certainement pas été portée à ma connaissance. Durant ma confrontation avec ce sujet, au
contraire, la nécessité d'emprunter des dollars pour satisfaire aux
besoins britanniques dans notre pays (et même dans les pays
neutres) s'est toujours révélée comme étant prioritaire ».

Quant à la déclaration de lord Balfour selon laquelle « les
États-Unis déclaraient sinon dans la forme du moins en substance, que c'était uniquement sur la base de notre propre caution,
qu'ils étaient disposés à faire crédit, bien que ce soient nos alliés
qui dépenseraient cet argent », cela n'était tout bonnement pas le
cas. Le document disait que cela n'était pas le cas. Chaque secrétaire au Trésor, alors et toujours, disait que cela n'était pas le cas.
La politique du Trésor des États-Unis consistait à accorder des
prêts séparément aux gouvernements étrangers, en fonction de
leur propre caution. C'était explicite. Lord Balfour lui-même doit
avoir oublié que dix-huit mois avant de créer cette équivoque
dans sa note célèbre, le chancelier de l'Échiquier britannique,
répondant à une interrogation à la Chambre des Communes (le
22 Février 1921), a déclaré : « Aucun prêt consenti par le gouvernement des États-Unis à des gouvernements alliés n'a jamais été
garanti par nos soins ».

La revue *The London Economist*, qui est la première des revues
économiques en Grande-Bretagne, sinon dans le monde, a eu
l'honnêteté pitoyable et solitaire de dire (le 14 Février 1925) : «
Les notes Balfour s'évertuent à créer l'impression que notre
paiement à l'Amérique ne présente aucun rapport avec les dépenses de la guerre imputables à la Grande-Bretagne, et ceci à
l'aide de deux fausses propositions. La première étant que nos
emprunts en Amérique n'étaient pas destinés à notre propre
usage, quand en fait, ils ont été en grande partie dépensés pour
l'alimentation de notre propre population ; la seconde étant que
l'Amérique nous a remis de l'argent afin qu'il soit transmis à nos
alliés, car elle ne voulait pas leur prêter directement, alors qu'en
fait, les États-Unis ont prêté 1.315 millions de livres sterling aux
Alliés européens pendant qu'elle prêtait 940 millions à la Grande-
Bretagne... Il n'existe aucune caractéristique particulière inhérente

à notre dette américaine, qui puisse la différencier des autres dépenses de guerre ».

Mais la puissance émotionnelle de la note Balfour était formidable. Si ce dernier se montrait dédaigneux des faits, il était encore plus méprisant de l'argent et du commerce et de la cohérence aussi, car c'était le même Arthur James Balfour qui avait dit à l'ambassadeur Page en 1917 que ce dont on avait le plus besoin, était du crédit américain en quantités suffisamment importantes pour soutenir le taux de change britannique. À présent que tout était fini, Lord Balfour, qui agissait désormais comme Secrétaire d'Etat aux Affaires étrangères, dit :

« Il est vrai que beaucoup de puissances alliées et associées se retrouvent entre elles comme créancières ou débitrices ou les deux, mais elles ont été et elles sont beaucoup plus encore. Elles ont été partenaires dans le plus grand effort international jamais réalisé pour défendre la cause de la liberté et elles sont encore toujours des partenaires au moins dans la gestion de certaines de ses séquelles. Leurs dettes ont été contractées, leurs prêts ont été consentis, non pour l'avantage particulier d'États distincts, mais pour cet objectif majeur commun à tous ; d'ailleurs, pour l'essentiel, cet objectif a été atteint. »

« Pour des âmes généreuses, il ne sera jamais agréable, bien que cela soit peut-être indispensable pour des raisons d'État, de considérer l'aspect monétaire de ce grand événement comme une question à part, susceptible d'être détachée de son contexte historique à ne pas traiter différemment que des transactions commerciales ordinaires entre commerçants qui empruntent et capitalistes qui prêtent. »

Ce passage eut des retentissements à l'infini dans notre pays. En outre, quand les journalistes britanniques ont commencé à orchestrer le thème Balfour avec des variations telles que la suivante du brillant JM Keynes —

« Tant que l'Amérique envoyait des matériaux et des munitions destinées aux soldats alliés, elle nous a fait payer pour l'achat de ceux-ci et ces frais sont à l'origine de ce que nous lui devons maintenant. Mais quand plus tard elle a également envoyé des hommes, qui ont utilisé les munitions eux-mêmes, rien ne nous a été compté. Évidemment il n'y a pas beaucoup de logique dans un système tel qu'il nous conduit à devoir de l'argent à l'Amérique, pas tellement parce qu'elle a été en mesure de nous aider, mais avant tout parce qu'elle s'est trouvée si peu en mesure de nous aider, du moins en ce qui concerne l'engagement humain. »

— il y eut de nombreux Américains, certains ignorant les faits, sur lesquels l'impression produite correspondait à l'effet désiré.

En effet, le seul motif valable, s'il y en avait un, justifiant d'annuler les dettes de guerre dans l'ensemble, serait qu'il s'agissait en principe d'une cause commune, telle qu'elle était évoquée dans le langage exalté de Lord Balfour, une cause située au-delà de l'argent, au-delà des récompenses de la victoire, au-dessus des avantages, ceux d'alors et ceux d'après, et qu'elle aurait été traitée comme telle par toutes les nations engagées, sauf les États-Unis. Dans ce cas, nous devrions avoir honte. Mais était-ce vraiment le cas ?

« Jusqu'à la fin de la guerre il n'y eut aucune révélation mentionnant que ces avances étaient des subventions, ou qu'elles étaient des contributions à une cause commune, ou qu'elles seraient l'objet d'une mise en commun générale après la guerre. » — Mention du Secrétaire au Trésor sous la rubrique « Obligations des gouvernements étrangers », rapport annuel de 1926, page 60.

Pendant la guerre, les Alliés ont jugé nécessaire pour des raisons évidentes, d'engager d'importantes dépenses dans les pays des uns et des autres. Avant d'entrer dans le conflit, la règle observée entre eux, autant que possible, était que dans son propre pays, chacun prête aux autres l'argent que ceux-ci devaient dépenser sur place. Ainsi, l'Angleterre prêtait à ses alliés les livres sterling correspondant à leurs dépenses dans l'Empire britannique, la France prêtait à ses alliés les francs dont ils avaient besoin pour couvrir leurs dépenses en France et ainsi de suite. La conséquence en découlerait que chacun auraient, après la guerre, à faire valoir les uns vis-à-vis des autres des créances correspondant à l'argent prêté de la sorte ; ensuite, telles obligations annuleraient telles autres par le simple effet de compensation entre les créances et les dettes, ne laissant au final que le solde consolidé à prendre en considération.

Lorsque les États-Unis sont entrés en guerre, le département du Trésor a adopté ce principe. Il s'est engagé à prêter aux Alliés tous les dollars dont ils avaient besoin pour leurs dépenses de nourriture, de munitions, de fournitures et de services dans notre pays. Cependant, d'un autre côté nous concernant, les Alliés n'ont jamais étendu l'application de ce principe. Pour répondre à nos propres dépenses de guerre dans l'Empire Britannique, nous avons été obligés d'acheter des livres sterling, mais nous les avons payées en espèces. Pour faire face aux dépenses de guerre américaines en France, des dépenses énormes en l'occurrence, le département du Trésor américain a été obligé d'acheter des francs, mais il a payé ceux-ci en liquide. De même en Italie ; de même partout. Les États-Unis prêtaient des dollars à la Grande-Bretagne, à la France, à l'Italie et à d'autres pour répondre à leurs dépenses aux États-Unis et dans le même temps l'achat au comptant, les livres sterling, francs, la lire etc., pour répondre à nos propres dépenses en ces pays. Au surplus, le coût de revient de ces livres, ou de ces francs, etc., était plus élevé parce que les Britanniques utilisaient l'argent prêté par le Trésor américain pour soutenir artificiellement la valeur de la livre sterling sur le marché d'échange de New York et les Français faisaient la même chose à une plus petite échelle avec le franc.

« Pour leurs propres besoins en Grande-Bretagne, ni la France ni l'Italie n'ont emprunté aux États-Unis ni livres, ni francs, ni lires. Notre Département du Trésor a été obligé d'acquérir ces monnaies destinées à l'usage de notre armée stationnée à l'étranger. Nous avons acheté les livres, francs et lires aux gouvernements de la Grande-Bretagne, de la France et de l'Italie et nous avons réglé leur paiement en dollars aux États-Unis » Rathbone, Secrétaire adjoint du Trésor Public, rapport annuel du Trésor Public, 1926, Page 61.

« Nous avons acheté du matériel et des services à la France et à l'Empire britannique par centaines de millions. Ceux-ci devaient être réglés en francs et en livres. Nous n'avons pas obtenu les francs et les livres à crédit ; nous avons payé de l'argent pour les obtenir... En d'autres termes, nous avons payé cash pour les biens et services nécessaires, lesquels nous permettant d'apporter notre contribution solidaire à la cause commune. Nos associés ont obtenu les biens et les services achetés dans ce pays à crédit, lesquels leur permettait d'assumer leur contribution solidaire. Voici la raison fondamentale pour laquelle, à la fin de la guerre, alors que tout le monde était devenu notre débiteur, nous nous sommes retrouvés sans être débiteurs de personne. On nous exhorte à présent d'annuler ces dettes, en alléguant qu'elles ont été contractées pour la cause commune. Si c'est cela qui doit être fait, il n'a pourtant jamais été suggéré, ni à l'étranger, ni dans ce pays, que l'on nous rembourse les dollars que nous avons effectivement dépensés en France et en Grande-Bretagne, de sorte que les biens et services qu'on nous a vendus puissent constituer la propre contribution de ces pays à la cause commune... Parmi les raisons pour lesquelles nous avons accordé des avances en dollars, l'une d'elles était de maintenir le franc et la livre à des niveaux proches de leurs valeurs habituelles. En d'autres termes, nous avons prêté à nos associés les dollars leur permettant d'acheter de la monnaie à Londres et à Paris ; ainsi donc nous leur avons donné les moyens d'effectuer un arrimage des taux de conversion. Lorsque nous avons été obligés d'acheter des francs et des livres sterling pour notre propre usage sur les marchés financiers à Paris et à Londres, nous l'avons fait au prix soutenus artificiellement par l'utilisation des fonds mêmes que nous avions prêtés. » M. Mellon, le Secrétaire au Département du Trésor, extrait d'une lettre adressée à certains professeurs de Princeton, le 15 Mars 1927.

Il doit encore être mentionné que les achats de biens et services au moyen des dollars empruntés par les Alliés, ont été effectués dans notre pays sur la base de prix réglementés. Cela correspondait uniquement à ce que le gouvernement américain payait pour les biens et services similaires. Mais les biens et les services achetés en liquide par le gouvernement américain dans les pays alliés, ont été achetés à des prix non réglementés, soit les prix du civil.

On formule une hypothèse indécente en déclarant que, nous aurions compté le prix pour l'envoi de ravitaillement et de munitions aux Alliés, alors même que nous n'avons rien compté pour l'envoi des hommes qui consommaient nos propres approvisionnements et nos munitions, de sorte que maintenant, lorsque nous évoquons le remboursement d'une dette qui nous est due pour le ravitaillement et les munitions, nous donnons l'impression de donner davantage de valeur aux choses qu'aux vies elles-mêmes, au moyen desquelles nous avons été disposé à contribuer.

Lorsque nous avons commencé à envoyer des contingents d'hommes dans les pays alliés — non, nous ne l'avons pas facturé. Mais on nous l'a fait payer.

Nous avons dû payer pour la traversée maritime des soldats américains à bord des navires britanniques ; nous avons acheté des livres sterling avec des dollars et payé en liquide le service des Britanniques. Nous avons dû payer les taxes portuaires pour le débarquement dans les ports navals français, alors qu'il s'agissait de navires portant nos propres munitions et ravitaillements ; nous avons acheté des francs français avec des dollars et payé le droit d'entrer directement en liquide. Nous avons dû payer pour le déplacement des soldats américains, des munitions américaines, et des fournitures américaines sur les chemins de fer français allant au front ; nous avons acheté des francs avec des dollars et payé en liquide pour le privilège d'amener notre puissance d'hommes et d'équipement là où la guerre se déroulait. Tout ce que les Alliés ont obtenu dans notre pays, ils l'ont emprunté ; pour tout ce que nous avons obtenu dans les pays alliés, nous avons payé avec du liquide. Jamais dans toute la cacophonie sur les dettes de guerre, ce détail de la vérité ne fut admis vis-à-vis de nous par les gouvernements alliés, ni par l'un d'eux vis-à-vis de sa propre population.

Où était la cause commune de Lord Balfour, au-delà de l'argent, voire de l'intérêt national ? Où était-elle parmi les Alliés eux-mêmes ? La conférence de paix était une lutte terrible pour l'intérêt national. Les Anglais pensaient que la France avait l'avantage.

L'idée d'avantages spécifiques, au sens très ancien du terme, guidait sans aucun doute les Alliés lorsqu'ils ont partagé entre eux par voie de négociation et de troc, plus d'un million de miles[15]

---

[15] 1 milllion de miles au carré = 2.590.000 km², soit plus d'un quart de la superficie des États-Unis.

carrés provenant des anciens territoires allemands en Asie et en Afrique, ainsi que l'ensemble des propriétés du gouvernement allemand et de ses ressortissants dans le monde, puis les îles d'importance stratégique dans le Pacifique, lesquelles s'intégraient par leur géographie à la frontière maritime de notre pays. Nous n'avons touché à rien de tout cela. Mais alors que nous avions conclu une paix séparée avec l'Allemagne après avoir rejeté le traité de Versailles, et que nous faisions valoir certaines demandes concernant des dommages spécifiques aux personnes et aux biens, comme par exemple les réclamations découlant de l'affaire du Lusitania, les Alliés ont adopté la position selon laquelle nous ne pouvions espérer obtenir quoi que ce soit de l'Allemagne parce que leurs propres exigences en matière d'indemnisation, qui allaient au-delà même de ce que celle-ci pourrait jamais verser, avaient priorité sur toutes nos propres revendications.

IV.

Quant au montant à rembourser, les dollars que les touristes américains laissent en Europe en moyenne durant une année, représentent bien davantage que l'ensemble des remboursements annuels dus par l'Europe pour faire face à ses obligations vis-à-vis du Département du Trésor aux États-Unis.

DONNÉES DU MINISTÈRE DE COMMERCE

Le Trésor Public américain a fermé l'accès à ses coffres vis-à-vis des gouvernements étrangers en novembre 1920, soit plus de deux ans après l'armistice. La dernière avance accordée avait été un prêt de 10 millions de dollars à la France. Mais ce n'était pas la fin de l'emprunt extérieur. Les gouvernements étrangers ont quitté le Trésor américain pour aller vers Wall Street et ont commencé à emprunter l'argent américain puisé dans le réservoir de crédit privé. Ils y ont bénéficié d'une grande liberté d'accès. Ils ont pu emprunter à Wall Street pour n'importe quoi grâce aux émissions obligataires — pour des travaux publics, pour la reconstruction, afin d'éviter l'impôt national, afin d'assurer l'équilibre de leur budget et afin de soutenir l'inflation de leur monnaie.

À ce stade, les derniers vestiges de pensée rationnelle semblent s'estomper. Ceux-là même qui dénoncent l'Amérique comme une nation *Shylock* parce que nous attendons d'eux qu'ils honorent leurs dettes envers le Trésor Public américain, sont en train d'emprunter simultanément du capital américain tant et plus à Wall Street ! Ce fut donc le début des énormes prêts privés accordés à l'Europe, qui sont devenus en quelques années si importants, que l'Europe a pu dire ce qu'elle déclare à présent : « Nous ne sommes pas capables d'honorer à la fois notre dette privée envers le Trésor des États-Unis et notre dette envers les investisseurs américains. De quoi l'Amérique a-t-elle envie ? »

Avant que le Trésor Public n'ait fermé l'accès de ses caisses aux gouvernements étrangers, le Secrétaire au Trésor avait écrit, dans une lettre au chancelier de l'Échiquier britannique du 8

Mars 1920 : « Depuis l'armistice, notre gouvernement a octroyé aux gouvernements étrangers une aide financière s'élevant environ à quatre milliards de dollars. Tout ce que notre gouvernement pouvait faire pour soulager dans l'immédiat des pays débiteurs a été fait. Ce dont ils ont besoin maintenant, ce sont des crédits privés. L'endettement des gouvernements alliés, les uns vis-à-vis des autres et vis-à-vis des États-Unis, ne constitue pas actuellement un fardeau pesant pour les gouvernements débiteurs, car ils ne paient pas d'intérêt, et, de fait, pour autant que je sache, ils n'intègrent pas davantage dans leur budget le remboursement du principal que celui des intérêts. »

Puis, après s'en être enfin débarrassé, le Département du Trésor américain concéda ce moratoire de trois ans sur le remboursement des obligations, tout en rappelant les engagements vis-à-vis du Secrétaire au Trésor de convertir les émissions improvisées de billets à ordre en obligations, parallèlement aux Liberty Bonds à long terme que le gouvernement américain avait émis pour lever les fonds. En guise d'unique réponse, il y eut l'éclosion de cette propagande d'annulation de la dette qui se cristallisa autour de la note Balfour.

Durant l'année qui suivit la note Balfour, il ne se passa rien de nouveau, sauf que Reginals McKenna, un ancien Chancelier de l'Échiquier Britannique, comparut devant la Convention des Banquiers Américains à New York, en soutenant la thèse inattendue que les dettes de guerre dépassaient toutes les capacités respectives de remboursement des pays débiteurs, à l'exception de la Grande-Bretagne. Cette dernière était en mesure de rembourser. Elle disposait de ressources suffisantes qu'elle avait accumulées grâce aux investissements étrangers ; elle pouvait donc s'acquitter de sa dette envers le Trésor américain. Mais là n'était pas la question. Quand bien même tous les pays débiteurs auraient pu tout rembourser complètement comme la Grande-Bretagne, il n'en restait pas moins que les États-Unis, quant à eux, ne pouvaient pas se permettre d'encaisser ces remboursements.

Car évidemment, ils auraient dû accepter le paiement sous forme de biens étrangers ; ainsi donc les paiements énormes sous forme de marchandises étrangères causeraient la ruine des industries américaines.

Cette idée aussi, comme toutes les idées européennes, est tombée sur une terre fertile. Bien que la surface n'en fût pas grande, sa culture intensive au départ de cette graine a fait pousser de très abondantes récoltes. Depuis lors, nous n'avons plus jamais pu nous débarrasser de l'illusion curieuse qu'un pays créancier dans notre situation ne peut pas se permettre de recevoir de paiement. L'argument est devenu familier. Le principal du capital constituant de grandes dettes ne pouvait donc pas être remboursé en or ; il n'existerait pas assez d'or à cet effet dans le monde entier et d'ailleurs, l'or ne serait pas fait pour cela. Par conséquent, les pays débiteurs devraient payer leurs dettes sous forme de marchandises. Mais comment pourrions-nous espérer de nos débiteurs qu'ils nous paient en nature alors que nous avons des barrières douanières contre l'entrée des marchandises étrangères et que nous les érigeons parce que nous sommes nous-mêmes engagés dans l'industrie de production ? S'il n'y avait pas de barrière douanière, ils seraient certes en mesure de nous payer en marchandises, mais cela ne ferait qu'inverser le problème, puisque le fait de recevoir ces marchandises ruinerait nos propres industries.

On n'a jamais imaginé d'argument plus confus. Nos débiteurs ne peuvent pas payer, à moins que nous ne supprimions nos barrières tarifaires. L'argument se tient donc sur une jambe de libre-échange. Mais pourvu qu'on enlève les barrières tarifaires et qu'on les laisse payer, nos industries non protégées seront ruinées. L'argument se trouve alors sur la jambe de haut protectionnisme. Il faut se rendre compte que si telle proposition était raisonnable en termes économiques, il faudrait qu'elle soit valable en principe pour le paiement de toutes les dettes internationales et pas seulement pour ce qui a trait aux dettes de guerre ; en admettant donc que ce soit vrai, les dettes internationales en tant que telles seraient en principe réduites à une absurdité logique. Or pour sauver la logique, il suffit d'ajouter un seul qualificatif au terme de marchandises.

Il est peut-être exact et même vraisemblable qu'une nation dans notre cas ou dans le cas de l'Angleterre, ne peut pas se permettre de recevoir en guise de paiement des biens concurrentiels. Cependant, une précision peut encore être apportée grâce à l'analyse concrète de la réalité : actuellement, seulement quatre dixièmes environ du commerce international dans le monde, se réalise avec des produits concurrentiels analogues ; les six dixièmes restants concernent des produits non analogues, dont le commerce peut donc être développé au bénéfice de chacun, à quelque niveau que ce soit. L'Angleterre est la nation créancière majeure. Ses investissements étrangers sont beaucoup plus volumineux et plus anciens que les nôtres. Elle n'a jamais décelé le moindre problème logique lié à la réception du paiement de ses débiteurs. Elle a longtemps été une nation de libre-échange, dépourvue de droits de douane affectant les produits étrangers, parce que son industrie au début et pendant longtemps était demeurée sans concurrence réelle dans le monde. Ses débiteurs ne la payaient pas en biens de coutellerie analogues à ceux qu'elle produisait déjà elle-même à Sheffield, ni en textiles analogues à ceux produits à Manchester, ni en charbon, dont elle avait un excédent ; mais elle était entièrement d'accord avec le paiement en produits tels que le minerai de fer, le coton brut, la laine brute, le cuir et le blé. Les conditions ont changé. L'industrie anglaise exige désormais une protection contre la concurrence des produits étrangers. On a donc abandonné la théorie du libre-échange. Les droits de douane britanniques, comme les droits de douane américains, ont commencé à augmenter et cependant vous n'entendrez pas dire chez les banquiers britanniques que, pour cette raison, les débiteurs de la Grande-Bretagne ne seront plus en mesure de la payer, ou que la Grande-Bretagne ne pourra plus se permettre de recevoir leur paiement.

Admettons que nous ne puissions pas nous permettre de recevoir de la Grande-Bretagne un paiement matériel sous forme d'automobiles. C'est peut être tout à fait vrai. Cela porterait atteinte à notre industrie automobile, en admettant que les automobiles britanniques soient moins chères que les nôtres. Mais nous serions tout à fait disposés à recevoir le paiement en étain britannique, dont nous ne disposons d'aucune production propre, voire en caoutchouc britannique, ou en toile de jute britannique et ainsi de suite. En outre, il existe des opérations triangulaires d'ampleur gigantesque dans le commerce extérieur, telles que celles dans lesquelles la Grande-Bretagne vend des automobiles au Brésil et le Brésil vend du café aux États-Unis. Le Brésil s'accorde avec la Grande-Bretagne pour régler les voitures avec un crédit de café à New York ; ainsi la Grande-Bretagne, si elle le désire, peut utiliser ce crédit en café pour verser un acompte de sa dette au Trésor des États-Unis. La seule chose sensée dans ce que M. McKenna disait aux banquiers américains c'était qu'un pays créancier ne tirera aucun bénéficie du remboursement en nature effectué par ses débiteurs si celui-ci se réalise au moyen de biens dont il n'a pas besoin. Après tout, cela n'était pas une idée très surprenante. Manifestement, elle échoua dans son objectif de faire avancer la cause européenne concernant une abrogation des dettes.

En 1923, le gouvernement britannique envoya par conséquent une mission de conciliation à Washington, pour convenir d'un arrangement sur le montant de la dette à payer par la Grande-Bretagne. Il y eut un arbitrage à quatre-vingts cents pour le dollar. Ce fut le premier et le plus élevé des principaux arbitrages.

Ceci fut établi avec le Comité des Affaires Étrangères de la Dette de Guerre Mondiale. Il s'agissait d'un organisme qui avait été créé par le Congrès afin de trouver des arrangements avec les pays débiteurs, en se basant sur leur capacité de remboursement respective et non sur les clauses des contrats. Le 4 Janvier 1926, le Secrétaire au Trésor, s'exprimant en tant que président du Comité de la Dette, devant le Comité des Voies et Moyens du Congrès, déclara à propos des arbitrages en général et de l'accord anglo-américaine en particulier :

« Comme l'arbitrage de la dette de l'étranger ne semble pas être bien compris, je tiens à mentionner certains faits plutôt élémentaires. Les obligations détenues par le Trésor — les billets à ordre d'origine émis par des emprunteurs étrangers — prévoient généralement le remboursement sur demande, mais ce paiement ne peut être effectué. Nous devons trouver des termes de règlement pratiques. Maintenant, si l'on nous doit 62 dollars et que le paiement est effectué à jour, nous recevons la pleine valeur de notre prêt. Si le paiement est effectué au rythme de 1 dollar par an pendant 62 ans sans intérêt, nous transigerions en fait sur une partie de la dette. Ce que cette concession représente peut être évalué et peut varier en fonction d'un taux d'escompte pris arbitrairement. Si nous le fixons à 4 ¼ pour cent, la valeur actuelle d'un dollar de rente pour 62 années équivaut à peine à plus de 21 dollars ; si nous utilisons 3 pour cent, sa valeur actuelle équivaut à 28 dollars. Si cependant, au lieu de ce montant d'un dollar par an pendant 62 ans sans intérêts, nous exigeons le paiement d'un intérêt correspondant à notre coût de mise à disposition de l'argent, nous obtenons la valeur totale du prêt, puisqu'il nous est alors possible d'emprunter 62 dollars aujourd'hui, de payer des intérêts sur cet emprunt et de reconstituer le capital au moyen des rentes qui seront perçues. Du point de vue des États-Unis, par conséquent, la question de savoir si tel règlement particulier constitue une diminution de dette, dépend du fait qu'un intérêt facturé sur toute la durée du contrat est ou non fixé en dessous du coût moyen de l'argent que nous payons sur cette période. La marge de transaction dans les arbitrages de la dette se trouve donc dans le taux d'intérêt à exiger... »

« La Grande-Bretagne a été le premier pays à reconnaître l'intérêt de remettre de l'ordre dans ses affaires. La Grande-Bretagne nous devait 4,6 milliards de dollars de capital et intérêts sur ses obligations à vue. La Commission de la Dette Américaine a recommandé un arbitrage sur base des paiements du capital durant une période de 62 ans, avec un intérêt au taux de 3 pour cent par an pour les 10 premières années et 3 ½ pour cent par la suite. Le Congrès a approuvé l'arbitrage. Prenant en compte le taux d'intérêt courant à l'époque où le règlement a été conclu, l'accord britannique ne représente pas un paiement intégral. Si nous prenons la valeur actuelle de l'arbitrage à 4 ¼ pour cent, nous avons annulé 20 pour cent de la dette. Cependant, l'arbitrage était entièrement basé sur notre estimation de la faculté de remboursement en Grande-Bretagne. Cela constitue un précédent pour la reconnaissance du principe de la capacité de payement, mais ce n'est pas une formule toute faite pour gérer des capacités sensiblement moins élevée dans d'autres cas. »

La Finlande fut la toute première à transiger ; mais elle appartenait à la classe des emprunteurs d'après l'armistice uniquement. Parmi les débiteurs majeurs, la première à transiger fut la

Grande-Bretagne. Sa préoccupation était de restaurer la valeur de la livre sterling par rapport à l'or ; ainsi donc après avoir fait l'arbitrage avec le Trésor Américain, elle emprunta 300 millions de dollars or à Wall Street à cet effet.

« Le crédit bancaire le plus important jamais constitué pour le bénéfice et l'utilisation d'une nation étrangère en temps de paix a été accordé hier à New York. Il était de 300 millions de dollars, soit trois fois le montant du crédit contracté par la Banque de France un an plus tôt. Dans ce crédit britannique, 200 millions de dollars ont été pris en charge par la Réserve Fédérale Bancaire Américaine et 100 millions de dollars par la banque privée JP Morgan et Co. Les deux parts de ce crédit ont été constituées en faveur de la Banque d'Angleterre et à travers elle, en faveur du gouvernement britannique. L'objectif était de faciliter le retour de la Grande-Bretagne sur la base monétaire de l'or... Tout effort visant à aider le gouvernement britannique dans sa tentative de maintenir sa monnaie à la valeur nominale aura la sympathie explicite de notre gouvernement. Il est bien entendu que les achats de livres sterling effectués sur le marché libre par la Réserve Fédérale Bancaire de New York[16] recevront l'approbation du Trésor » *New York Times*, 29 Avril 1925.

La veille, à la Chambre des communes, le Chancelier de l'Échiquier Britannique déclara dans un discours sur le budget :

« Même si nous estimons que nous sommes assez forts pour atteindre cette modification importante avec nos propres ressources, nous avons donc pris des dispositions à titre de précaution supplémentaire pour finalement nous assurer doublement, afin d'obtenir aux États-Unis, si nécessaire, des crédits d'au moins 300 millions de dollars, avec possibilité d'extension le cas échéant... Ces énormes crédits par-delà l'océan Atlantique, ont été accordés et amoncelés sous forme d'avertissement solennel à l'adresse des spéculateurs de toute sorte et dans tous pays, les mettant en garde contre la résistance à laquelle ils auraient à faire face et les réserves auxquelles ils devraient se mesurer s'ils ten-

---

[16] Ndlr : la branche new-yorkaise de la Réserve Fédérale dispose historiquement du privilège des actions d'achat sur les marchés boursiers

taient de perturber la parité avec l'or que la Grande-Bretagne a maintenant fondée. [Applaudissements.] »

Durant deux années encore, les autres débiteurs majeurs qu'étaient la France, l'Italie et la Belgique, continuèrent d'ignorer les activités du Comité de la Dette de Guerre Mondiale Extérieure à Washington ; ils continuèrent d'ignorer l'existence de leurs billets à ordre dans les coffres du Trésor Public américain, continuèrent également d'emprunter massivement à Wall Street en puisant dans le réservoir privé du crédit américain.

Alors —

« Par décret gouvernemental, il a été décidé que le recours des pays débiteurs ou de leurs ressortissants à notre marché monétaire serait rejeté jusqu'à ce que la nation concernée négocie un arbitrage de sa dette aux États-Unis. » Extrait d'une lettre adressée au Président par le Secrétaire au Trésor, rapport annuel du Trésor, 1926, page 214.

Le gouvernement américain annonçait donc qu'un gouvernement étranger refusant de reconnaître sa dette envers le Trésor Public américain ne devrait plus avoir accès au réservoir de crédit privé américain ; ni ce gouvernement, ni ses ressortissants. Si après cela, l'un d'eux se présentait à Wall Street, à la recherche de nouveaux prêts, Wall Street était obligé de lui dire : « Désolé, mais vous aurez à voir le département du Trésor en premier lieu. »

Ceci les a tous amenés à Washington, et le Comité de la Dette fut très occupé au cours des deux années qui suivirent. Les interdictions étaient levées au fur et à mesure que ceux-là s'arrangeaient avec le Département du Trésor américain et ils recommencèrent à emprunter à Wall Street. L'Italie, au retour de Washington où elle s'était arrangée avec le Département du Trésor pour vingt-six cents le dollar, s'arrêta à Wall Street en chemin et emprunta 100 millions de dollars aux taux du marché. L'avant-dernier débiteur à arranger ses dettes en 1926, fut la France. Le tout dernier fut la Yougoslavie.

Aucun débiteur ne transigea sur un paiement en totalité. Dans chaque cas, le débiteur faisait une déposition décrivant sa situation et ses ressources devant le Comité de la Dette, puis en collaboration avec le débiteur, on arrivait à l'estimation de ce qu'il pourrait payer. Il y avait cette illusion de pouvoir faire chaque fois dire au débiteur qu'il s'acquitterait du remboursement du principal en totalité et c'est pourquoi les soixante-deux paiements annuels, réduits au début, étaient répartis arbitrairement entre principal et intérêts. Le taux d'intérêt nominal était très bas afin que les chiffres de la colonne indiquant les remboursements sur le capital puissent s'additionner jusqu'à correspondre à la totalité du montant en principal. Mais dans tous les cas, en émettant les Liberty Bonds, le coût que représentait une mise à disposition des fonds à prêter était plus élevé pour le Trésor Public américain que le taux d'intérêt exigé dans les arbitrages. En moyenne et à l'exception seulement de celui convenu avec l'Angleterre, l'issue des principaux arbitrages fut que nous ne devions récupérer le capital avec intérêts, que de ce que nous avions prêté après l'armistice.

« Voyons quelle relation existe entre la charge des arbitrages consentis sur nos dettes et nos prêts d'après l'armistice... Dans le cas de l'Angleterre, les avances post-armistice se sont élevées à 660 millions de dollars intérêts compris et la valeur actuelle de l'arbitrage complet sur sa dette est de 3.297 millions de dollars. Il faut se rappeler que l'Angleterre a contracté une grande partie de sa dette chez nous à des fins purement commerciales, indépendamment des fins de guerre. »

« La dette française contractée après la guerre s'élève à 1.655 milliards de dollars, intérêts compris. L'arbitrage négocié avec l'ambassadeur, M. Bérenger, devant la Commission de Financement de la Dette Américaine, a une valeur actuelle de 1.681 milliards de dollars. »

« Les emprunts contractés après l'armistice par la Belgique étaient de 258 millions de dollars, intérêts compris, et la valeur actuelle de l'arbitrage est de 192 millions de dollars. »

« La situation est similaire pour l'Italie. Son endettement post-armistice s'élève à 800 millions de dollars avec les intérêts et la valeur actuelle de son règlement de la dette s'élève à 426 millions de dollars. Il en est de même pour la Serbie » Le Secrétaire au Trésor, rapport annuel 1926, page 261.

Compte tenu du taux d'intérêt, la valeur actuelle ou liquide de l'argent correspondant à une série de traites annuelles constitue un résultat actuariel. On ne peut pas davantage le contester que la table d'intérêts elle-même. Le terme de « valeur actuelle », tel qu'il est utilisé par le Secrétaire au Trésor ci-dessus, signifie simplement la valeur-même de ces arbitrages si par d'impossibles circonstances le Trésor Américain avait pu trouver quelqu'un pour le soulager de tous les bons obligataires des gouvernements étrangers qu'il avait financés, en échange d'un paiement comptant — un quelconque investisseur imaginaire avec cette somme d'argent à investir, qui pourrait croire que les versements seraient exécutés ponctuellement jusqu'au bout et que 4¼ pour cent pendant soixante-deux ans constituait un taux d'intérêt approprié. Sur cette base de calcul, vous pourriez dire que la Grande-Bretagne a consenti au remboursement de quatre-vingts cents sur le dollar, la France cinquante cents et l'Italie vingt-six cents.

Les arbitrages ont été critiqués par certains au motif qu'ils étaient trop généreux, par d'autres au motif qu'ils étaient trop durs, et par d'autres encore au motif qu'ils n'étaient pas équitables. Les annulationnistes étaient les plus bruyants, affirmant que les arbitrages étaient trop durs.

« On suppose que la générosité n'était pas une composante dans les négociations de la Commission. Elle s'est certainement montrée très indulgente vis-à-vis de l'Italie et elle ne peut pas être condamnée pour sévérité vis-à-vis de la France, quand on n'impose pas de charge plus lourde sur cette nation que le remboursement à cinq pour cent d'intérêts de la dette contractée après l'armistice. Les journaux français admettent, tout bien considéré, que l'arbitrage franco-britannique est beaucoup plus dur que l'arbitrage franco-américain. Aucune enquête sur la générosité n'a été produite par les professeurs de Columbia, néanmoins on juge simplement que l'Amérique n'était guère généreuse. »

« Les professeurs de Columbia se plaignent car tous les débiteurs n'ont pas été traités sur un pied d'égalité. Ils parlent d'un arbitrage de quatre-vingts pour cent, pour sa valeur actuelle, en faveur de la Grande-Bretagne, et vingt-six pour cent, pour sa valeur actuelle, en faveur de l'Italie. Se proposent-ils de corriger cette inégalité, en relevant l'arbitrage italien au niveau de celui des Britanniques, ce qui reviendrait évidemment à imposer à l'Italie une charge impossible à supporter pour elle, ou proposent-ils que l'arbitrage Britannique soit allégé jusqu'à cinquante pour cent, et que l'Italien soit relevé à cinquante pour cent, ce qui en rendrait le remboursement facile pour la Grande-Bretagne mais serait encore un arrangement impossible pour l'Italie, ou proposent-ils que l'arbitrage britannique soit abaissé au niveau des vingt-six pour cent de l'Italie, n'imposant donc pas de véritable charge sur l'Angleterre ? Si cette dernière suggestion est en effet leur proposition, alors pourquoi l'Italie ne dirait-elle pas que ses vingt-six pour cent devraient être réduits à zéro, parce que nous n'exigeons aucun remboursement de la part de certains autres débiteurs, comme de l'Arménie par exemple. » Extrait d'une lettre du sénateur Smoot, membre du Comité des Affaires Étrangères de la Dette la Première Guerre Mondiale, adressée à certains professeurs de Columbia, le 20 Décembre 1926

Ainsi après tout, les arbitrages n'ont rien réglé. Tout comme avant, les européens ont continué de proférer des insultes à l'égard de notre pays, accusé de vouloir récupérer ses dollars de la guerre ; elles n'auront jamais cessé, pas même une journée. Le seul changement fut un changement de temporalité. Avant les arbitrages, on considérait que l'Europe serait ruinée si elle devait rembourser ; après cela, quand les remboursements ont commencé, on a considéré que la ruine de l'Europe était en cours.

C'est avec l'aide du crédit américain à Wall Street que la Grande-Bretagne a rétabli la livre sterling par rapport à l'or en 1925. « En relevant le taux de change de la livre sterling à sa parité or », comme l'a déclaré le sénateur Smoot, Président de la Commission des Finances du Sénat, « l'Angleterre épargne chaque année davantage dans le paiement de sa balance commerciale internationale à l'étranger que ce qu'elle doit rembourser annuellement sur la dette américaine. »

Néanmoins, dans l'année suivant la date de son discours du budget, dans lequel il évoquait de façon dramatique l'usage et la valeur de « ces énormes crédits par-delà l'Atlantique », le Chancelier de l'Échiquier britannique s'est à nouveau levé devant la Chambre des Communes en tenant ces propos injustifiés :

« Quand la France et l'Italie auront soldé leurs dettes, à la fois dans ce pays et aux États-Unis, et que les autres puissances mineures auront soldé leurs dettes, il est clair que les États-Unis auront encaissé directement ou indirectement des indemnisations pour leur propre compte en puisant dans des ressources italiennes consolidées avec des indemnisations, dans des ressources britanniques, dans des ressources françaises transférées par les mains Britanniques et dans des ressources italiennes transférées par les mains Britanniques, soit de loin la plus grande partie, c'est-à-dire au moins soixante pour cent du total des indemnisations à recevoir de l'Allemagne. Une situation exceptionnelle se développera ; la pression de cette extraction de dettes au moyen de toutes ces chaînes, ces lignes et ces canaux, retirera les indemnisations hors des pays d'Europe dévastés et ravagés par la guerre. Elle les fera alors passer en un courant ininterrompu par-delà l'Atlantique, à cette riche, prospère et grande République. Ces réflexions ne pourront plus quitter l'esprit d'aucune personne responsable, que ce soit aux États-Unis ou en Europe. »

Cette image de la richesse drainée dans un flux ininterrompu depuis l'Europe dévastée par la guerre jusqu'en Amérique était tout à fait fausse.

Tandis que le chancelier parlait, la situation était comme il aurait dû le savoir, telle que pour chaque dollar reçu par le Trésor Public américain au titre de remboursement des dettes de guerre, Wall Street en prêtait trois en Europe. Le courant allait donc fortement dans l'autre sens. La situation était — et tout le monde le savait — telle que l'Allemagne payait les indemnisations avec de l'argent qui s'écoulait d'abord des États-Unis vers l'Allemagne. Seuls les prêts américains à l'Allemagne, des prêts puisés dans le réservoir privé américain permettait à celle-ci de payer des indemnisations à la France, à l'Angleterre, à l'Italie, à la Belgique et à d'autres ; nos prêts à l'Allemagne seule se sont élevés à plus de deux fois le montant total reçu à ce jour par le Trésor américain de la part de l'Angleterre, de la France, de l'Italie, de la Belgique et d'autres pays au titre de leurs arbitrages sur les dettes de guerre. Et cependant, le Chancelier de l'Échiquier britannique s'autorisait à nourrir l'imagination du monde de la fâcheuse insinuation que notre pays attirait les indemnisations hors des pays de l'Europe dévastés et ravagés par la guerre !

Telles sont les falsifications qui produisent comme des acides, les constituants de cette haine européenne à laquelle tant d'Américains réagissent en disant : « Vrai ou faux, nous ne pouvons nous permettre d'encaisser les dettes de guerre. Il y aura trop de ressentiment à ce sujet. » Cela revenant seulement à dire qu'il nous faut acheter la bonne volonté de l'Europe. Quelle plaisanterie dont nous ferions vraiment bien les frais ce serait alors, s'il devait s'avérer que les dettes de guerre n'étaient qu'un prétexte !

« Enfin, les facultés de Columbia et Princeton exhortent conjointement la population américaine de reconsidérer les arrangements de la dette avec les pays alliés *en raison de la haine croissante qui affecte le jugement de nos associés vis-à-vis de notre pays.* « Je me demande si les nations européennes nous détestent vraiment autant que certaines personnes nous le disent. Mais je sais que si c'est le cas, l'annulation de cette partie de leur dette qui n'a pas déjà été annulée ne transformera pas leur aversion en affection. L'affection ne constitue pas dans les relations internationales davantage que dans la vie privée, une marchandise que l'on peut acheter. Au contraire, mon observation et la lecture que je fais de l'histoire m'amènent à penser qu'une nation a peu de chances d'obtenir et de conserver le respect des autres nations lorsqu'elle sacrifie les revendications justes qui la concernent elle-même ». Extrait d'une lettre adressée par le secrétaire au Trésor, M. Mellon, à certains professeurs de Princeton, le 15 Mars 1927.

Toute la question est devenue tellement irrationnelle à la longue. Les déclarations politiques trompeuses à la manière de l'Ancien Monde, les craintes des Américains redoutant que l'on pense du mal d'eux en Europe, les expressions de divergences de la part de ceux dans notre pays, dont l'intérêt pour les prêts privés accordés à l'Europe leur fait éventuellement souhaiter, en secret, une annulation des dettes de guerre au détriment du contribuable américain, toutes ces choses conduisent à ce qu'aucune hypothèse à ce sujet quasiment, de celles étant communément répandues, ne se place dans la perspective des faits. Les faits eux-mêmes deviennent invraisemblables. Certes, de nombreux Américains pensent que la charge de remboursement de la dette de guerre a pesé lourd sur les pays débiteurs. Mais ce fardeau — quelle en est donc la mesure ?

« L'arbitrage britannique implique une charge moyenne annuelle correspondant à 1,90% de l'ensemble du commerce extérieur britannique, l'arbitrage belge de 0,88%, Le règlement italien 2,87% et l'arbitrage français de 2,64%. L'annuité moyenne de la Grande-Bretagne représente 0,94% de son revenu national, pour la Belgique ce sont 0,8%, pour l'Italie 0,97%, pour la France 1,47%. » Déclaration du Secrétaire au Trésor devant le Comité des Voies et Moyens au Congrès, 20 mai 1926.

Telle était donc la situation en 1926. Les pourcentages ont tous diminué ensuite, comme le commerce extérieur de l'Europe et le revenu national des principaux pays européens ont tout deux augmenté. Ils seraient quelque peu différents maintenant dans la situation de dépression mondiale, mais anormalement différents. C'est la dépression qui est anormale.

Le solde des recettes moyennes du Trésor américain provenant de l'arbitrage de la dette européenne dans les cinq premières années était de 213.523.120 dollars. En 1931, en faisant abstraction du moratoire, il aurait été de 250 millions de dollars à peu près. Les effets dévastateurs de cette charge devant être évalués sur l'Europe sont bien sûr imaginaires. Pour la Grande-Bretagne, ce sont moins de 165 millions de dollars ; pour la France, moins de 40 millions de dollars ; pour l'Italie, moins de 15 millions de dollars ; pour la Belgique, moins de 7,5 millions de dollars ; pour la Pologne, moins de 6,5 millions de dollars ; sur une échelle décroissante. Pour la Grande-Bretagne, la plus grande somme, conformément à sa capacité de remboursement. Pour celle-ci cependant, cela fait à peine plus d'un dixième de son revenu provenant de placements étrangers. Soit à peu près 3,50 dollars par habitant pour les remboursements des dettes de guerre au Trésor américain. En 1928, le revenu annuel des investissements étrangers de la Grande-Bretagne s'élevait à 29,00 dollars par habitant. (Protocole sur le commerce international et la balances des paiements, Société des Nations, 1927-1929, Volume II.) Il existe d'autres mesures.

La valeur de l'arbitrage britannique avec le département du Trésor américain en 1923 était un peu plus de 3 ½ milliards de dollars. Depuis lors, les nouvelles émissions de capital pour les pays étrangers sur le marché monétaire de Londres se sont élevées à 4 milliards. (Chiffres de la Midland Bank, Ltd, Londres.) Depuis qu'elle a marqué son accord sur la charge du remboursement des dettes de guerre, la Grande-Bretagne a augmenté ses propres investissements étrangers pour un montant supérieur à la valeur comptant de son arbitrage avec le Trésor Public américain.

La valeur comptant de l'arbitrage français avec le Trésor américain était de 1,655 milliards en 1926. (Rapport annuel du Trésor, 1926, Page 261) Depuis lors, les avoirs en or de la Banque de France ont augmenté de 2 milliards de dollars. C'est-à-dire que la seule augmentation des avoirs en or de la Banque de France depuis l'accord sur la dette de guerre française avec le Trésor américain, est supérieure de 345 millions de dollars à la valeur comptant de cet arbitrage au moment où il a été fait. En 1931, la Banque de France avait des soldes d'or à New York équivalents à la moitié de la valeur du principal de sa dette de guerre vis-à-vis du Trésor des États-Unis.

Une des conséquences de l'arbitrage avec les pays débiteurs sur base de leur capacité respective de payer et non sur la base du contrat écrit, fut comme de bien entendu, qu'ils faisaient chaque fois une déclaration de pauvreté dans la négociation de leurs accords. Comme cela est conforme au comportement humain tout simplement, ils négociaient. Plus la déclaration de pauvreté était convaincante et meilleur était l'arbitrage que l'on pouvait obtenir devant le Comité de la Dette américaine. Cela allait de soi. Le Comité de la Dette vérifiait leurs déclarations autant que possible ; mais après tout, ce que l'on sait de l'économie dans un autre pays, on le tire de ses propres chiffres. Chaque fois aussi, ces déclarations de pauvreté ont été renforcées par la propagande dans la presse américaine, dans la presse européenne et dans les discours devant n'importe quelle assemblée internationale. Plus ou moins d'exagération était inévitable. De plus, tout le monde à ce moment-là était enclin à sous-estimer la capacité de récupération mondiale. Une grande partie de ce pouvoir était nouveau, comparable seulement à l'incroyable pouvoir de destruction développé à des fins guerrières. Un pouvoir du même genre se tournait maintenant vers la reconstruction.

La notion de pauvreté de l'Europe actuelle est soit politique et imaginaire, tout comme l'effet écrasant de la dette de guerre en-

vers le Trésor Public américain, soit dérivée de la comparaison
envieuse avec les États-Unis. Dans son propre monde, l'Europe
est plus riche que jamais. Le niveau de vie y est plus élevé
qu'avant la guerre, tellement plus élevé qu'un retour aux conditions d'avant-guerre est inimaginable. La France est plus riche en
termes d'or. La Grande-Bretagne plus riche en termes
d'investissements. L'ensemble de l'Europe est plus riche en
termes de puissance matérielle et d'équipement, plus riche dans
tous les moyens de production de la richesse.

« L'année 1925 marque à certains égards, un tournant dans
l'évolution économique d'après-guerre. C'est probablement durant cette année que la production européenne retrouva son niveau d'avant-guerre ; la masse du commerce mondial fut pour la
première fois supérieure à celle de 1913... L'ajustement qui avait
eu lieu jeta les bases d'un progrès économique frappant durant le
quinquennat 1925-1929, ce que le tableau suivant démontre :

INDICES NATIONAUX DE PRODUCTION INDUSTRIELLE
(Base: 1925 équivalent à 100)

Pays	1926	1927	1928	1929
France	116	102	119	130
Allemagne	95	120	120	122
Pologne	98	123	138	138
Royaume-Uni	77	111	105	113
Etats-Unis	104	102	107	114

« La principale impulsion donnée à l'activité économique à
partir de 1925 provenait d'une avance extraordinaire dans la
technique industrielle et dans la gestion — la rationalisation —
pour l'agriculture ainsi que pour les industries manufacturières.
L'amélioration des moyens de communication et de fret due à
l'utilisation accrue des véhicules à moteur et de l'électricité, était
peut-être tout aussi importante. Enfin, presque tous les pays ont
stabilisé progressivement leurs monnaies ; les prêts internationaux octroyés sur une base commerciale ont ainsi atteint des
volumes importants.

« Ce progrès est bien sûr loin d'être uniforme ou général. Il
était beaucoup plus vigoureux en Europe que sur d'autres conti-

nents. Entre 1925 et 1929, la production totale de matériaux non finis en Europe avait progressé de près de 4 ½ pour cent par an, alors que l'augmentation annuelle moyenne sur tous les autres continents confondus était de moins de 2 ½ pour cent. Même ces chiffres sont en-deçà de la réalité ; en 1925, l'année servant de base au calcul, les moissons européennes furent exceptionnellement bonnes. Ainsi, en 1929, l'Europe avait récupéré le terrain perdu au cours des années précédentes et l'équilibre d'avant-guerre entre l'Europe et le reste du monde avait été très largement rétabli selon les proportions antérieures. » Extraits de la publication « Évolutions et phases de la dépression économique mondiale », Société des Nations, 1931.

Et enfin, même jusqu'à ce que le moratoire sur les remboursements des dettes de guerre fût déclaré à l'initiative de notre pays pour alléger la charge pesant sur nos débiteurs européens l'année dernière — même jusqu'à ce moment-là, la charge du paiement de leurs arbitrages avec le Trésor Public américain ne les avait jamais vraiment touchés. L'explication en est que les nouveaux prêts accordés à ces pays à partir du réservoir privé américain, dépassaient largement leurs paiements au Trésor Public américain. Ils ont reconduit leurs emprunts à Wall Street beaucoup plus rapidement qu'ils n'ont versé de l'argent au Trésor Public américain. Dans le cours normal des événements, cela pouvait durer encore et encore, cela pouvait continuer sans fin, tant que les prêts américains vers l'Europe augmenteraient naturellement chaque année, plus rapidement que la somme des remboursements de l'Europe au Trésor Public américain au titre des dettes de guerre ne le faisait, de sorte qu'aucune charge de paiement ne doit jamais les toucher en fait.

Ce n'est pas une question de fardeau en termes de dimension ou de forme. L'impasse est mentale. Pour le comprendre, il faut prendre en compte les méthodes de la diplomatie dans l'Ancien Monde, sa passion pour les manipulations, ses dérives sophistiquées de règles, la portée de ses intrigues. Tous ses arrangements politiques sont complexes ; toutes ses tractations sont ambigües. Elles ne tiennent pas compte des réalités simples.

Nous pensons aux dettes de guerre comme si elles ne concernaient que le Trésor américain de notre côté et les pays débiteurs séparément de l'autre côté. Nous insistons sur le fait qu'elles ne sont pas de nature politique. Néanmoins, elles se sont retrouvées impliquées dans les tractations politiques de l'Europe. Il existe, par exemple, une tractation particulière entre nos principaux débiteurs d'une part et l'Allemagne de l'autre, concernant la façon dont toute annulation prochaine des dettes européennes dues au Trésor Public américain sera divisée entre eux. Cette tractation figure à l'article 2 du « protocole spécial » dans le plan Young, aussi appelé officiellement « Rapport du Comité d'experts sur les Indemnisation », imprimé à Londres par la Papeterie de Sa Majesté, Juin 1919 :

Tout allègement net qu'une Puissance créancière (ndlr : créancière net) peut effectivement obtenir sur ses obligations nettes de remboursement des dettes de guerre à l'étranger — après avoir pris en compte les éventuelles remises matérielles ou financières adverses et après avoir pris en compte les remises sur la base de quittances de dettes de guerre qu'elle peut elle-même accorder, devra être traité comme suit :

« En ce qui concerne les 37 premières années :

« (A) L'Allemagne en bénéficiera à concurrence des deux tiers de l'allégement net, par le biais d'une réduction de ses obligations de paiements annuels par la suite.

« (B) un tiers de l'allègement net sera conservé par le créancier concerné. »

C'est-à-dire que si le gouvernement américain réduit ou annule le reste des dettes de guerre européennes, les deux tiers de cet avantage doit revenir à l'Allemagne en allègement des indemnisations et un tiers doit être conservé ; soit, pour chaque dollar de dettes de guerre que nous remettons à nos débiteurs ils remettront 66 ⅔ pour cent de ses dettes à l'Allemagne. Comment on en est arrivé à cette division intéressante voire quelle tractation en marge sous-tendent celui-ci, nous l'ignorons.

V.

C'est une fraude d'accepter ce que l'on ne peut pas rembourser.

PUBLIUS SYRUS

La fameuse note Balfour, si injuste envers notre pays, fit l'effet d'un violent coup de sabre à double tranchant au sein de la diplomatie européenne, et cela constituait, sans aucun doute, une caractéristique plus importante que tous les points de vue américains amers à son sujet. Lorsque le Chancelier de l'Échiquier britannique fait une déclaration sur les dettes de guerre, disant, par exemple, que les États-Unis drainent hors de l'Europe les indemnisations des pays dévastés et ravagés par la guerre, nous l'entendons dans son sens direct, mais la France l'entend au sens politique indirect. L'Angleterre ne s'incline-t-elle pas un peu plus vers l'Allemagne ? Et comme sa conclusion peut aboutir à telle opinion, la France peut changer de ton avec l'Allemagne. Il existe une politique britannique envers la France et une politique britannique envers l'Allemagne, une politique française envers la Grande-Bretagne et une politique française envers l'Allemagne, une politique allemande envers chacun d'eux et ainsi de suite ; et dans celles-ci des parts plus ou moins importantes de la dette de guerre de l'Europe vis-à-vis du Trésor Public sont enchevêtrées.

Et pourtant, au-delà de tout cela, il existe clairement une attitude européenne commune à propos des dettes. Et cela, nous ne le saisissons pas facilement. Ce n'est probablement pas ce qu'il paraît, c'est-à-dire un sentiment hostile aux dettes pour une raison quelconque, pas plus cela qu'une condamnation de leur atrocité morale, comme les propagandistes ne cessent de répéter, mais un ressentiment naturel et profond concernant l'accession soudaine à une position de puissance mondiale dominante. Cet événement aurait dû se passer de toute manière. Toutefois, il est survenu durant la guerre. Par conséquent, telle est l'association ancrée dans l'esprit européen. Ce fut en réalité un phénomène d'une ampleur dépassant la guerre elle-même. La guerre n'avait rien de nouveau pour l'Europe, sauf pour ce qui est de son extension. Ceux qui étaient ennemis alors avaient été des alliés avant et ceux-là qui étaient des alliés alors avaient été ennemis avant. Seules les cicatrices auraient été nouvelles. Mais pour la première fois dans l'histoire commune de l'Europe, une puissance non-européenne est intervenue pour des raisons qui lui étaient propres, afin de trancher la question d'une querelle européenne, non pour la conquête, ni pour rechercher un avantage matériel quelconque, mais parce qu'elle ne pouvait plus la supporter et pour les autres raisons en outre, telles que pour imposer dans le monde la sûreté nécessaire à la démocratie, la sureté pour les neutres sur les mers, pour imposer à l'Europe une paix sans victoire. Elle n'est arrivée à aucune de ces fins ; elle a tout perdu à la table de négociation sur la paix. La diplomatie du Vieux Monde l'a vaincue. Néanmoins, son pouvoir avait été révélé. La domination mondiale avait été pendant des siècles l'un des attributs incontestés de l'Europe ; puis au beau milieu d'une querelle meurtrière concernant la question de savoir quel membre européen l'obtiendrait ensuite, le pouvoir de domination a lui-même disparu. Il est réapparu sur un autre continent, en dehors d'atteinte de toute conquête. Le centre de la sphère politique s'était déplacé. Et si, depuis la guerre, la diplomatie européenne a utilisé toutes les ressources de sa sagesse et de son expérience à déceler les susceptibilités et les faiblesses de cette nouvelle puissance et à agir pour obtenir un quelconque avantage, c'est bien ce à quoi il fallait s'attendre. Les dettes bien entendu. Quelles étaient donc ces dettes, sinon un rappel amer des attributs perdus de l'Europe ?

En tout cas, tous les gouvernements majeurs, malgré leurs arbitrages réticents, n'ont eu depuis le début qu'une seule pensée au sujet de leurs obligations envers le Trésor Public américain : savoir comment éviter de les rembourser sans cependant les répudier. Il y avait un problème pour la diplomatie de l'Ancien Monde. La répudiation aurait été très simple et en considérant tout ce que nous pouvions ou voulions entreprendre contre elle,

elle ne présentait aucun danger ; mais malheureusement elle était en même temps très imprudente, ceci pour deux raisons. En premier lieu, comme ils l'ont découvert, répudier leurs dettes de guerre leur coûterait leur accès au réservoir de l'épargne américaine privée. Ils seraient incapables d'emprunter davantage à Wall Street. En second lieu, la répudiation créerait un précédent dangereux dans le monde. La Grande-Bretagne et la France ont d'importants investissements étrangers. Les investissements de la Grande-Bretagne dans les pays étrangers s'élèvent probablement à vingt milliards de dollars. Par conséquent, au moins par crainte de donner un mauvais exemple aux débiteurs, si ce n'est pour aucune autre raison, ils ne pouvaient pas se permettre de répudier leurs dettes. Seule l'Allemagne pouvait se permettre de le faire.

Ainsi, une politique de la dette a été développée et jamais un seul instant elle n'a changé. Ce n'est pas la politique de la Grande-Bretagne à elle seule, ni la politique de la France à elle seule, ni celle de toutes les deux ensemble. Il s'agit d'une politique européenne. Le but de celle-ci est de se débarrasser de ces dettes de guerre envers le Trésor Public américain par un coup politique. La propagande pour l'annulation ne constitue pas un tel coup. Ce n'est que la préparation. Le coup serait d'amener le gouvernement américain à adopter l'idée que ses débiteurs ne doivent payer et ne peuvent payer, qu'à la condition qu'ils perçoivent les indemnisations de l'Allemagne, de sorte que si l'Allemagne devait cesser de rembourser, comme elle le ferait bien sûr, ils pourraient cesser de nous payer.

Le gouvernement américain a continué d'insister sur le fait que dans la mesure où ceci le concerne, les dettes de guerre et les indemnisations allemandes ne présentent pas de lien. Néanmoins, l'Europe a maintenu le cap, confiante dans le temps, dans les circonstances et dans son habileté diplomatique à prouver le contraire.

FIN

www.ingramcontent.com/pod-product-compliance
Lightning Source LLC
Chambersburg PA
CBHW021424170526
45164CB00001B/86